圖解 給新世代的投資趨勢說明書

理財幼幼班5

「透視未來」

3小時瞭解過去與即將面臨的未來

法學博士 錢世傑

［ 建立台灣獨有的自信 ］

↗ 外交即將歸零的政治現實

　　台灣是一個幾乎沒有邦交國的蕞爾小國，想要加入聯合國卻不得其門而入，在國際比賽得名，卻連自己的國旗都無法升起，別國參賽者口中唱的是自己國家的國歌，而我們卻不能唱自己國家的歌，頂多是國旗歌，在中國大陸堅持我們不是一個國家的國際現實下，現在最重要的邦交國只剩下義大利境內的梵諦岡。

　　長久以來，我們成為大國角力之間的籌碼，台灣問題總是中美雙方談判桌上的可能議題之一。總統候選人在選前還要跑到美國、日本，到底是選前的最後一次溝通，還是想選總統還必須先獲得美、日官方的認可？

　　還記得陳水扁先生擔任總統時，想要過境美國遭布希總統拒絕，為了創造出台美關係穩定的印象，竟在哥斯大黎加總統就職典禮時，找了個機會跑上前去與美國第一夫人半強迫地握手拍照[1]；馬英九上任後，於薩爾瓦多卸任總統國宴上，和美國國務卿希拉蕊同桌共進晚餐，希拉蕊主動上前打招呼，兩人也有了歷史性的照片，為了這些形式上的照片來成為重要外交突破的證明，實在有點心酸。

　　有時候我們都懷疑自己的獨立性，看著電視上的官僚，自己的尊嚴都在媚日、哈美的行為中有著被踐踏的感受，久而久之，我們的自信心似乎也不斷地受到了打擊。最近，中國大陸與美國正在商談貿易協議，2018

年迄今吵吵鬧鬧，香港因為反送中議題而淪為雙方談判的籌碼，當香港聽到川普發聲支持香港時，更是加大了抗爭的力道，孰知當雙方協議快要達成時，川普說了句：香港問題會自行解決。這時大家才驚覺香港不過是美國的一個在談判桌上壓迫中國大陸的棋子，當達成目的後，香港、新疆都只是籌碼，根本不是問題。

↗ 找回自信心

上一段說到，籌碼當久了，自信心似乎正逐漸流失；可是我必須要告訴大家一個事實，我們也可以從數據中，分析出中華民國（台灣）在如此嚴峻的國際環境下堅毅性格的一面，且讓筆者這位強調數據分析之法律專家兼理財達人 Dr.J，透過各種資料整理找回自己的民族信心，茲羅列各種優點如下：

①經常帳長期正數：不像脆弱五國（印度、印尼、土耳其、南非、巴西）等國經常帳長期赤字，我國的表現長期穩定正向；外債這幾年雖有攀高，但 1,912 億美元中，公共債務幾乎為零，多為民間債務[2]，也因此避開多次金融危機。

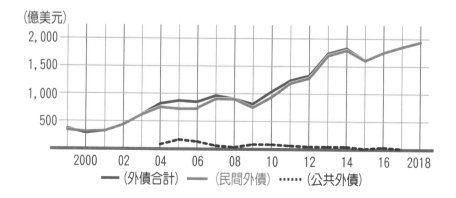

（億美元）
2,000
1,500
1,000
500

2000　02　04　06　08　10　12　14　16　2018

——（外債合計）　——（民間外債）　……（公共外債）

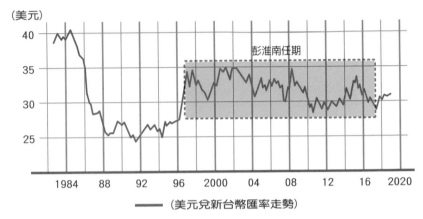

（美元）

（美元兌新台幣匯率走勢）

　　②匯率穩定：彭淮南於 1997 年金融海嘯後接任中央銀行總裁，近 20 年時間新台幣兌換美元在 28 至 35 元之間震盪（1998 年 2 月 25 日－2018 年 2 月 26 日），印度、巴西、印尼、土耳其、墨西哥、南非等國靠著長期貨幣貶值的毒藥，股市也是漲到天邊，台灣靠著經濟實力，股市還原權息 2 萬點，從匯率上挑選屬於堅毅型個性的國家。

　　③全民健保制度舉世羨慕，雖未加入 WHO，但 2020 年 COVID-19 疫情控制良好，成為各國的表率。依據 CEOWORLD 雜誌公布全球「2019 醫療照護指數」排名，在 89 個國家中，台灣名列第 1 名[3]。

　　④待人有禮，關懷他人：相對於日本人，我們發自真心，日本人的九十度鞠躬可能不是真的；我們民族性是互相幫助，不像日本人不喜歡麻煩別人、很容易「孤獨死」[4]的個性。

　　⑤出生率世界倒數第 1[5]，人口密度全世界第 16 名，總生育率從 1960 年代的 5，到現在只剩下 1。好吧！我承認這不是好事，而是一件未來的麻煩趨勢；此外，戰後嬰兒潮比別國晚 4 年，因為大家打完了，我們還在國共內戰網內互打。

　　⑥沒有大國願意與我國建交，最有名的邦交國是梵蒂岡；我們也是國家暱稱最多的國家，像中華台北、中華民國在台灣、台灣等，而且比賽勝利不能放國歌。

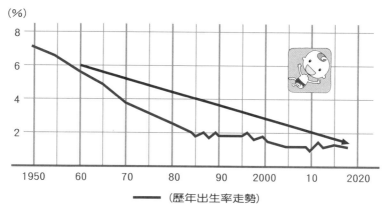

(歷年出生率走勢)

⑦女權世界第 8 [6]，也是少數通過同性婚的國家。

⑧因為長期被打壓，所以沒有白人優越感的弊病。

⑨貧富不均沒有韓國那麼慘烈，只要你願意努力就能有成功的機會，在台灣任何學校畢業都有出頭的機會，不像是韓國沒考上好學校、沒進入大企業，一輩子無法出頭天。

⑩善於儲蓄的國家，從 2009 至 2018 年台灣平均儲蓄率為 32.6%[7]。

⑪外匯存底全球排名第 5，近 4,700 億美元，足以因應索羅斯規模來狙擊匯率[8]。

⑫五代可以同堂的民族性，不會一到成年就踢你離家。

⑬複製能力超強的國家，從南到北的商圈、夜市都長得差不多。好吧！這一點也沒啥好驕傲的，但臭豆腐、豬血糕真的好吃。

⑭適應環境能力迅速：從愛讀書到離不開手機螢幕，從走進餐廳用餐到點餐透過 FoodPanda，行為模式能迅速因應環境而改變。

⑮科技能力超強：不靠原物料出口，靠著強勁的科技實力站上國際舞台，全台都是科學園區。

⑯機車密度亞洲第 1，台北橋的「機車瀑布」為知名景點。

⑰捷運非常乾淨、舒適。

⑱2028 年將有 2,000 萬人次來台，比現在的 1,200 萬成長 800 萬。

⑲大學院校曾經突破 160 所，只要你有錢、不要太差，就能念台大洗

個學歷，不過 2026 年後可能會降到 100 所，或系所少三分之一。

㉑軍事力量全球排名 22 [9]，但實際上覺得排名不太可能如此前面。

㉑唯一破獲提款機吐鈔案的國家 [10]。

㉒房價所得比第 10 名：前 10 名依序為委內瑞拉、敘利亞、香港、柬埔寨、中國、斯里蘭卡、尼泊爾、伊朗、菲律賓以及我國，感覺在台灣現在能買房子的年輕人很厲害。

㉓國家為了挽救交易量而推動短線當沖，搞得多數散戶虧損連連 [11]。

㉔政府歲入每年不斷地成長，但歲出長期以來一直大於歲入。

(兆/新台幣)

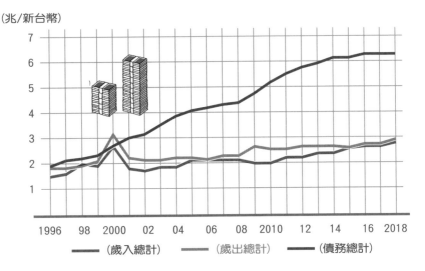

—— (歲入總計) —— (歲出總計) —— (債務總計)

㉕垃圾分類細緻，但多是直接送到焚化爐燒掉了事 [12]。

㉖殘障車位停車的車主通常不是殘障。

㉗宗教多元化且包容，早上去拜土地公，下午做教堂服務，晚上去宮廟起乩，你開心就好。

㉘法律容許成立性交易專區，卻沒有縣市政府敢成立，左手唸經、右手摸奶的假道學盛行。

㉙民眾很愛罵自己的國家，但也最愛聽外國人讚美。

㉚超商密度全球第 2，平均每 2,211 人就有一家 [13]。

㉛競爭力：世界經濟論壇 WEF 於 10 月 9 日公布「2019 全球競爭力報告」，台灣全球排名 12、亞太排名第 4，仍與德國、美國、瑞士，並列全球 4 大創新國 [14]。

㉜自行車車道發達，總長 5,000 公里 [15]。

↗ 強大的民族當然要有自信

出了國才知道台灣健保醫療的方便，到了越南才知道地板上找塊板子切熟食的可怕，到了日本才知道孤獨死的感覺，來到香港才知道隨時回歸中國大陸的武力威脅壓力，踏上韓國的土地才知道沒擠進大企業的薪資是那麼的卑微，走進了印度才知道賤民的掙扎，來到了沙國才知道女性完全沒有地位。

搭乘飛機回到了台灣，雖然我們處於世界前幾名的外交困境，隔岸有著一隻豺狼虎視眈眈地看著我們，但台灣依舊還是強大美好，COVID-19 疫情防疫成功，還不快點找回自信。從一位數據專家眼中的台灣，文筆寫下來的文字，告訴你台灣的強大，難道不可靠？

讓我們一起勇敢站在世界舞台上吧！

目錄

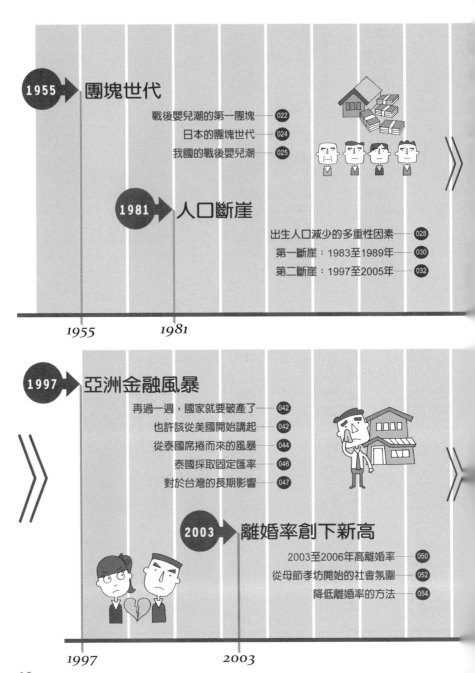

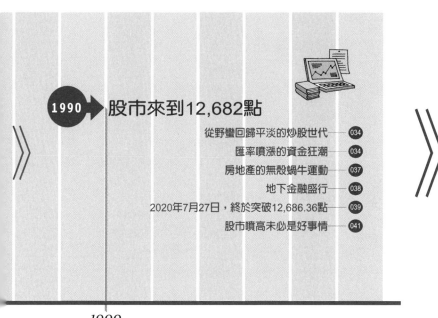

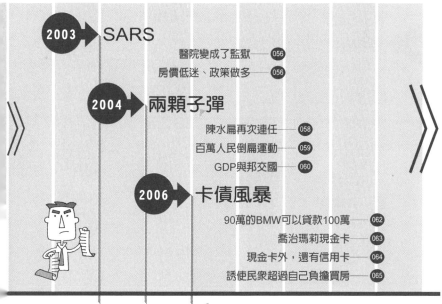

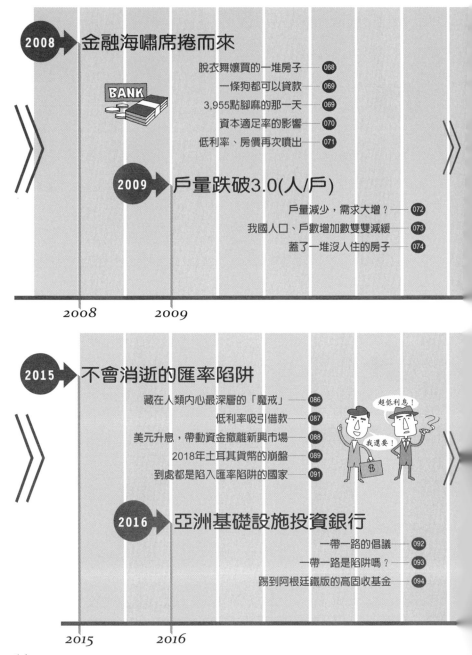

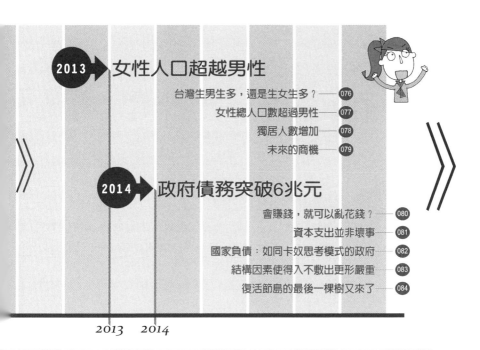

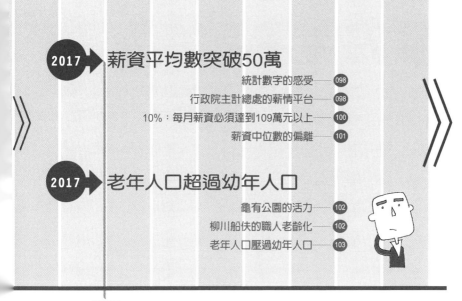

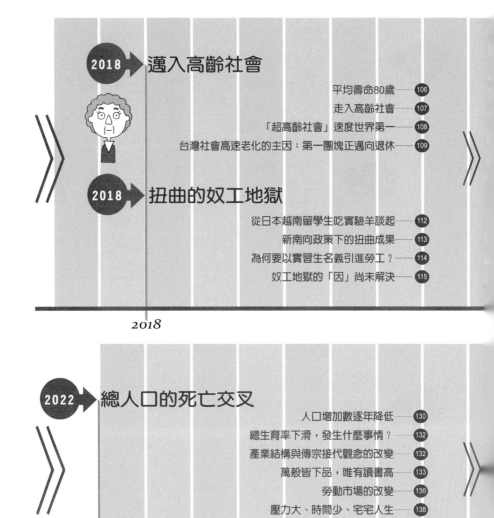

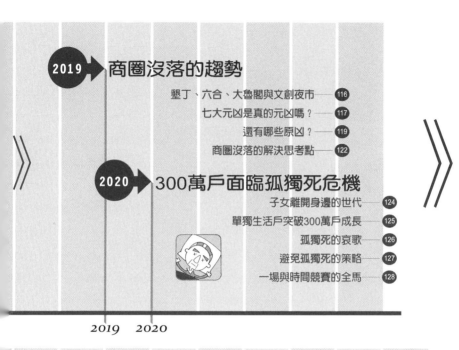

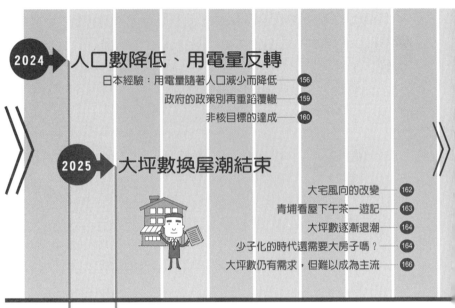

2024　2025

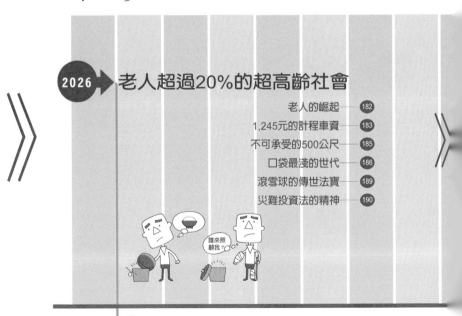

誰來照顧我？

2026

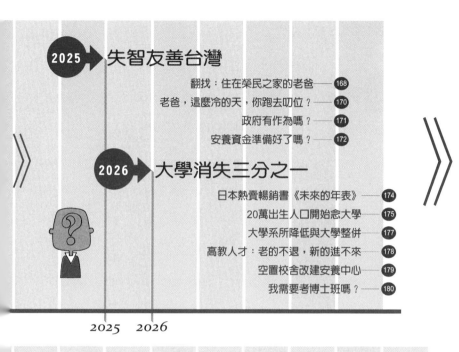

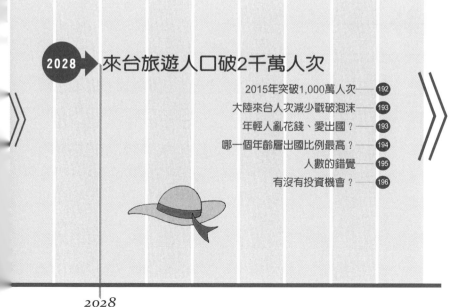

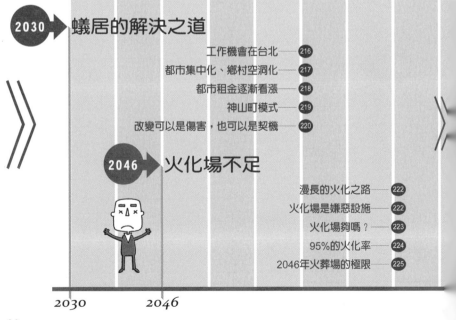

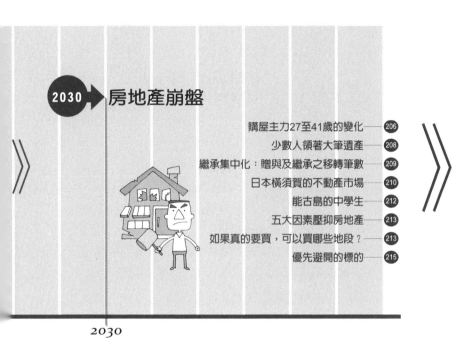

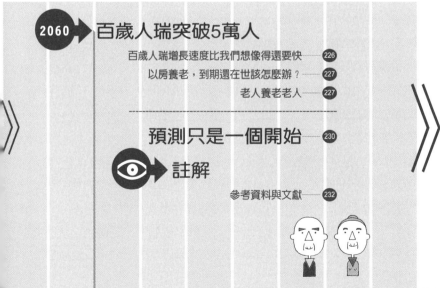

[*1955* 團塊世代]

↗ 戰後嬰兒潮的第一團塊

日本代表性作家堺屋太一於 2019 年 2 月 8 日過世，享壽 83 歲。曾任通商產業省（現經濟產業省）官員，他在 1976 年寫了《團塊世代》這本小說，成為日本戰後嬰兒潮出生者的代名詞。所謂「團塊」（結核）原本是地質學的名詞，藉此形容這個世代的緊密性 [16]。

本書主要討論的重點為「第一團塊」與「第二團塊」，所謂「第一團塊」，指的是戰後嬰兒潮，而「第二團塊」指的是「第一團塊」的下一代。在解釋團塊之前，必須先瞭解戰後嬰兒潮的概念。

嬰兒潮是指在某一時期及特定地區，出生率突然大幅度提升的現象，原因眾多，可能是戰爭結束、龍年、有特殊值得慶祝事項，結婚也是一樣，會因為特定因素而突然增加，像是西元 2000 年、民國 100 年（2011 年）之類的指標性日子。

如右圖，2000 年時，結婚對數與出生人數同時上升，但原因不同；結婚是因為千禧年婚姻實在是太浪漫，一千年才能遇到一次，所以出現少見的 18 萬對結婚的高峰，同年出生人數上升則是因為龍年，兩者原因不太一樣。

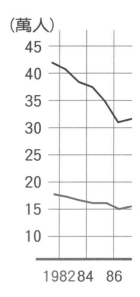

（萬人）

45
40
35
30
25
20
15
10

1982 84　86

同樣的，2012 年也是龍年，所以出生人口上升；至於 2011 年則是民國 100 年，也是關鍵年度，所以即便 2009 年金融海嘯導致結婚數不及 12 萬對，但 2011 年也就是民國 100 年，即便經濟還在震盪起伏當中，結婚對數卻率先回彈至 16 萬以上。

　　瞭解嬰兒潮的概念後，所謂戰後嬰兒潮就是只因為第二次世界大戰結束後，遠赴戰場的男人解甲返鄉，安定的生活環境拼命關燈增產報國，於是大量嬰兒出生。第二次世界大戰結束時間在 1945 年，所以比較廣義專指 1946 至 1964 年出生的人。

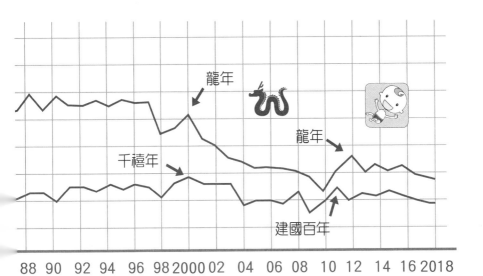

↗ 日本的團塊世代

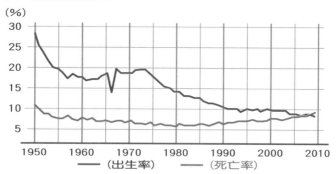

（出生率）　　（死亡率）

　　日本的第一團塊發生在 1947 至 1949 年，光這三年就出生了近 806 萬人[17]，其中 1949 年有 269 萬多人出世，出生率將近 30%。第一團塊世代辛勤勞動、支撐住日本經濟，隨後出生率出現斷崖式下跌，雖偶有升高，但 1965 年只出生了 136 萬人，合計特殊出生率降到了 1.58，而 1949 年是 4.32，可能是因為正處拼經濟期，沒時間拼生育，或是第一團塊已經生得差不多了。

　　在第一團塊世代逐漸長大後，日本經濟開始迅猛發展，與他們父輩的經濟背景已不可同日而語。1968 年，當第一團塊來到 20 餘歲的時候，日本經濟已居世界第 2；之後十餘年簡直如日中天，股市、房市都不斷地快速上漲，更在 1990 年股市、房市同時衝高。

　　此時，第一團塊世代處在人生的黃金期，夫妻均能賺到豐厚的薪資，其父母也不靠他們的孝養金，生育意願暴增，請參照上圖[18]。1973 年，日本出生了 209 萬人，再次攀上高峰[19]，也就出現了大前研一所謂的第二團塊。

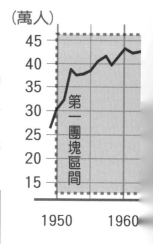

	第一團塊	第二團塊
中華民國(台灣)	1950 至 1965	1976 至 1982
日本	1947 至 1949	1973

↗ 我國的戰後嬰兒潮

世界上大多數國家都與第二次世界大戰有關係，因此戰後嬰兒潮是一種普遍現象，我國於第二次世界大戰結束後，還發生國共內戰，直到1949 年退守台灣後才有戰後嬰兒潮的出現，因此延至 1950 至 1965 年，才發生屬於我國的第一團塊。

此世代被經濟學人稱為「海綿世代」，意指他們吸乾抹淨後代的資源，同時又因為有人數優勢，政策上容易偏向這個世代，也因為欠缺前瞻眼光，未能理解未來世界改變所帶來的痛苦，而將痛苦留給下一代。簡單來說，第一團塊世代往往被人詬病為飲宴的客人，而下一代的年輕人淪為飲宴後的洗盤工作者。

由於戰後移入的人口過多，與其他國家卸甲返鄉的情況不太一樣，導致人口突然暴增，從 1946 年的 609 萬、1958 年的 1,000 萬，到 1961年又突破了 1,100 萬大關。

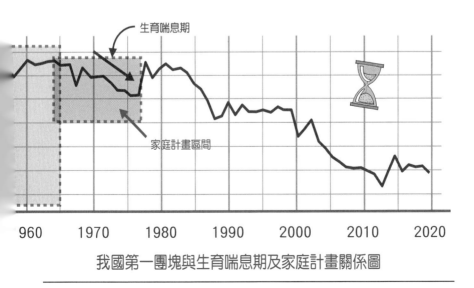

我國第一團塊與生育喘息期及家庭計畫關係圖

　　當時退守來台的軍人大概是 1930 年次左右出生者居多，以當時早早結婚、早早生小孩的世代來說，比較少超過 35 歲，所以到了 1965 年時，整個出生人數情況應該會減緩，本文稱之為「第一團塊生育喘息期」。

時間點	人口	新生兒	新生兒占人口比
我國1953	813萬	37.3萬	4.65％
日本1949	8300萬	269萬	3.24％

　　人口增加固然會有人口紅利，但對於社會各種制度的壓力接踵而來，公共設施、衛生基礎設施不足、學校數過少，因此政府於 1964 年開始推動家庭計畫，又於 1970 年開始起草的優生保健法（1984 年始立法通過），再加上 1971 年喊出五六年級生耳熟能詳的「兩個孩子恰恰好，男孩女孩一樣好」，隨後學校數量開始暴增。

　　從前頁圖可以發現確實出現降溫現象，1974 年約 35.8 萬人，與 1963 年的 42.7 萬人相比較，降幅高達 7 萬人，除了家庭計畫奏效導致生育觀念修正，搭配「第一团塊生育喘息期」，確實看到了一些效果。

　　時至今日，第一团塊進入到退休潮，第二团塊正值中堅世代，而且「上有高堂老母、下有嗷嗷待哺」的多方經濟壓力下掙扎，至於有沒有緊密的第三团塊，從人口數據上已不復見，各種經濟數據惡化，都市房價高漲到難以生存，人口將縮小而且老化。

[*1981* 人口斷崖]

↗ 出生人口減少的多重性因素

出生人口減少，必定有多重性的因素，像是：

① 農業社會轉換到工商業社會：拼了老命上班，加班加到天荒地老、上班時間不固定，種完田之後無聊關起房門生產下一代的時代已逐漸減少。

② 生育區間變小：知識水平不足，轉換成人人都可以念書，進而進入就業市場比較慢，結婚、生子都延後，加上優生學概念的引入，太老了也不願意生小孩。

③ 空間縮小：都市集中化與房價高漲，導致居住空間變小，甚至於住家中沒有房的男性欠缺異性魅力，就算結了婚，也缺少養兒育女的空間。

④ 支出排擠：不動產價格排擠其他支出，導致養兒育女能力降低，研究指出在高房價時期，先生小孩者，購屋機率增加且男性較年長，生育機率較低[20]。據此研究，2003 年 SARS 過了之後，房價開始起漲，買屋支出排擠想要生小孩的念頭，可以解釋第二個斷崖發生的原因。

⑤ 不安定感：有一些比較政治性的因素，像是 2000 年民進黨執政，剛好是第二斷崖，但是否兩者有因果關係，還是其他因素所造成的，像是 2003 年 SARS 危機時，很多人低價賣掉台北的房子，遷居至其他國家；但 1995 年台海危機，雙方戰火一觸即發，李登輝的空包彈讓中共最高層級的間諜曝光而死於非命，當時的出生人數與總生育率似乎也還算平穩。

⑥ 養寵物：取代養兒育女。從右頁數據來看，近幾年來養狗養貓的數字確實不少，但這個數字是電話訪問，可能不太牢靠[21]。

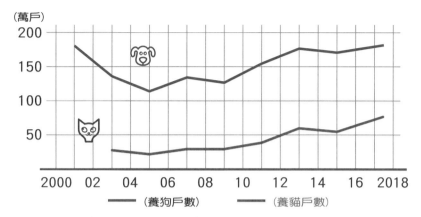

（萬戶）

（養狗戶數）　　　（養貓戶數）

　　在討論出生人口減少的問題時，有人會討論到外勞或外籍配偶是否有影響到台灣的人口數？我們可以用數據來驗證。

　　首先，外勞逐年增加，成為壓縮薪資成長空間的力量之一，也算是間接影響了出生人數；至於外籍配偶應該是反過來解釋，若非外籍配偶在台努力地生兒育女，恐怕目前的數字還會更低。

　　如下圖 1998 至 2005 年，那時候外籍配偶才剛風行，台灣經濟還不錯，所以很多大陸及越南等東南亞的外籍新娘嫁來台灣，假設每一對生一個，也多出了 3、4 萬名的新生兒，如果沒有這些外籍新娘的努力，恐怕當時出生人數的數據會更難看。

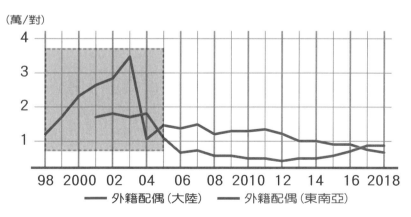

（萬/對）

外籍配偶（大陸）　　外籍配偶（東南亞）

↗ 第一斷崖：1983 至 1989 年

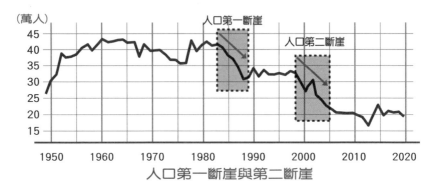

人口第一斷崖與第二斷崖

　　1965 年之後，出生人口從 42 萬的高檔一路下滑到 1975 年的 35.8 萬人，如前所述，原因是家庭計畫奏效導致生育觀念逐漸修正，搭配上「第一團塊生育喘息期」，然而本文並不將這一段 10 年的時間視為人口斷崖。因為斷崖這一個名詞的感覺是很難爬起來的意思，就像是遊覽車行經清水斷崖之際，基本上只能被拖吊救起，無法再開上來了。

　　至於本文所提的兩次斷崖，主要是第一次的 1983 至 1989 年，以及第二次的 1998 至 2005 年（如上圖）。

　　我國有兩次明顯的斷崖，與日本並不太一樣，日本的出生率自 1973 年之後就一路下滑（右頁上圖），我國則是第一斷崖下滑後，經過大約 8 年的時間才再次下滑，形成第二斷崖，目前經過 11 年的時間又準備再次進入第三斷崖。

　　我國的第一斷崖，出生人口從 1982 年的 40.5 萬，1983 年跌破 40 萬，只剩下 38.3 萬人，接著持續下滑，一路摔跌到 1989 年的 31.5 萬。應該是經濟噴漲，忙著賺錢，本業賺錢，炒股也賺錢。本章末表列出台灣各年代的時代背景與經濟發展之重點 [22]。

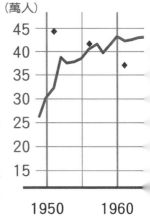

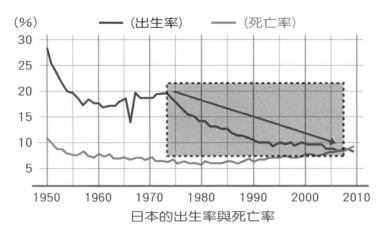

日本的出生率與死亡率

　　1987 年 1 月時的股價指數才 1,150 點，僅僅花了 3 年就成長了大約 11 倍，大家瘋狂在股市搶錢，各大聲色場所享樂，迎接高經濟成長率的歡愉，或許因此少了生兒育女的時間，1983 年的總生育率為 2.17，但到了 1989 年的總育率已經降為 1.68（如下圖）。

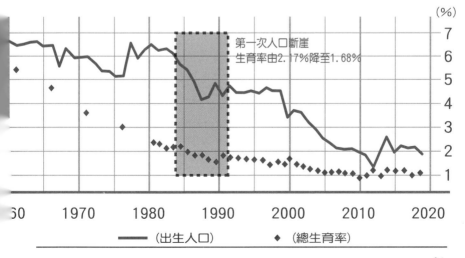

↗ 第二斷崖：1997 至 2005 年

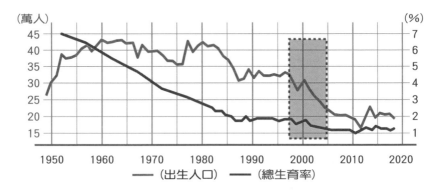

第二斷崖，出生人口從 1997 年的 32.6 萬人，隔年 1998 年（生肖虎年）跌破 30 萬，只剩下 27.1 萬人，接著持續下滑，一路摔跌到 2005 年的 20.6 萬，正式進入出生人口僅 20 萬的水平。

推斷此一斷崖的原因，應該是經濟沉悶（多次金融風暴、GDP 成長率降低）、SARS、大陸崛起等，還有女性外出工作、知識水平上升、農業轉工商業（社會型態）。這一個年代股災變多了，房價高漲了，實質薪資成長不若以往，跟不上房價上漲的速度，也因此削減生兒育女的想法，求生存都是困難，更何況是結婚生子。

2017 年，出生人口開始跌破 20 萬，只有 19.3 萬人，2018 年只剩下 18.1 萬，2019 年降到 17.7 萬人，2020 年 1 月總人口數 23,604,265 人應該是最高鋒，將自此開始反轉，似乎已不太可能回頭了，這有可能是第三次人口斷崖，筆者認為與第一次人口斷崖末期出生人口快速減少有關係，也就是再加上房價物價高漲、薪資低迷，呈現惡性循環的輪轉現象，未來應該還會更加惡化。

時間	時代背景與經濟重點
1950年代	兩岸連年戰火，像是1958年大陸對金門實施「單打雙不打」的砲擊措施，彈如雨下，也創造出金門的砲彈菜刀產業；當時處於經濟重建時期，百廢待舉，雖是如此，平均經濟成長率仍有8.4％。
1960年代	政府展開經濟建設，設置加工出口區，開發工業區，吸引外商投資，拓展出口，平均每年經濟成長率高達10.9％，台灣經濟明顯快速起飛。
1970年代	國際政治上退出聯合國，許多國家陸續與我斷交，又適逢世界石油危機，通膨率一度升逾60％。然而政府積極推動十大建設，打好未來經濟發展的基礎，經濟成長率仍高達9.9％。
1980年代	新竹科學園區的正式啓用，也讓電子產業成為我影響世界的關鍵，尤其是由行政院開發基金投資成立台積電，成為影響股市的重要公司，台股並於1990年2月12日來到歷史高點12,682點。
1990年代	開始西進大陸，但仍須依賴台灣零組件，貿易取代戰爭成為台灣經濟成長新動能。發生於1997年的亞洲金融風暴從泰國一路北上席捲日本，哀鴻遍野的亞洲，期間台灣受創最輕，平均經濟成長仍達5.7％，薪資每年仍有4.6％的成長。
2000年代	國民黨下台、民進黨執政，第一次的改朝換代，讓許多人開始擔憂，許多經濟發展問題也因政治化而蒙塵，愛台灣口號掩蓋住貪官汙吏的上下其手，海角七億也成為坊間茶餘飯後的聊天話題，長期在核四、兩岸經貿發展、邦交國等議題打轉，競爭機會拱手讓人，經濟上也碰到了2000年網路泡沫、2003年SARS風暴，都讓經濟發展跌跌撞撞。

時間會改變一切！

[*1990* 股市來到 12,682 點]

↗ 從野蠻回歸平淡的炒股世代

回顧 30 年前的台股榮景，12,682 點之前，隨便買隨便賺，看看現在幾十元的三商銀，40 元的國泰金，想當年三商銀可是來到 1,100 元過，國泰人壽更是逼近 1,975 元的天價，連華園飯店都曾經突破千元，來到 1,075 元的神奇價位，現在則是剩下 20 元上下 [23]。

當時的隨便買隨便賺，即便是不懂股票的村姑流浪漢，跑到證券公司找營業員買股票，本來只是想要買三商銀，聽錯、講錯變成三商行，一樣把三商行炒作成漲停、再漲停。大家賺了錢，紛紛在收了盤跑到餐廳享用高檔美食，動輒一餐就是上萬元，也促使當時高檔餐廳滿街橫行。

1990 年 2 月 12 日 12,682.41 點，此後，台股隨著日本泡沫經濟調整，台股從 12,682 點急墜到 2,485 點。試想看看，2008 年金融海嘯最低點來到 3,955 點，哀嚎遍野，更何況當時台股在 1 年之內指數崩跌萬點，很多股民受創慘重，有的從此傷心離場，不再碰股票。

↗ 匯率噴漲的資金狂潮

台灣在 1985 年之後，與日本同行，一起走上資產膨脹、股價上漲之路。當時最大助漲的力道主要是資金湧進台灣，為何會湧進台灣呢？與預期匯率大幅度升值有關係。

新竹科學園區的正式啟用，也讓電子產業成為我影響世界的關鍵，對於一個快速成長的經濟體，匯率升值也算是正常。1985 年 7 月新台幣兌

美元最低來到 40.6 元，由於對美貿易順差過大，美方要求新台幣升值，本來應該快速升值，但央行擔心影響過大，壓抑了升值的速度，但這也種下了泡沫的後果。

當時央行的策略是一分、一分的升值，股市老手並不希望漲停板，而是希望漲不停，一個政策上採取緩步升值、升不停的國家，當然就吸引熱錢的簇擁，你要說是狙擊也可以，愈早進入台灣，光是匯率就可以賺飽飽了，於是新台幣一路升值，直到 1992 年 7 月漲到 24.507 元才告停止。

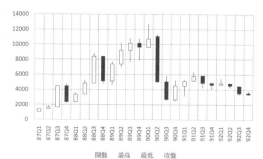

熱錢進來了，該做什麼呢？在股市隨便漲的年代，如果只停泊在台灣賺匯差、領利息實在太可惜了，當然就是衝進來炒股、炒房最快：

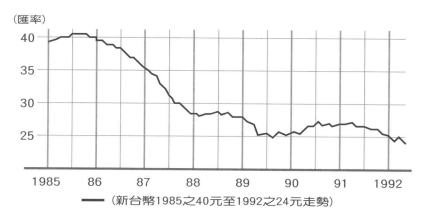

(匯率)

——(新台幣1985之40元至1992之24元走勢)

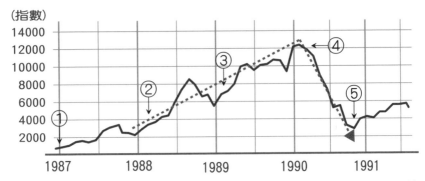

● 1985 年時的股價指數才 787 點，到了 1987 年 Q1 時已經翻了接近一倍，來到 1,405 點①，8 月突破 2,560 點。

● 1988 年的 Q1 又再翻一倍多來到了 3,373 點②：在這中間還有一段插曲，1988 年 9 月，財政部長郭婉容宣布自 1989 年 1 月起復徵證所稅，造成股市無量下跌 19 天，股市指數由 8,900 餘點跌至 5,700 餘點，最後在沈重壓力下無疾而終。

● 1989 年 Q1 再翻一倍多來到 7,390 點③。

● 1990 年 2 月 12 日，來到了 12,682 點④。

台灣股市大約花了 2 年 5 個月，才從突破 2,560 點來到了 12,682 點，跌下來像是自由落體，只花了 8 個月，1990 年 10 月回到了 2,560 點⑤，塵歸塵、土歸土，一切又回復了平靜，大家又回到工作崗位，認清了人世間的無常，知古鑑今，才能記取教訓讓未來更美好。

針對台股瘋狂飆漲又下跌，我抓最重要的原因如下：

◎經濟體質強健，匯率緩升、資金簇擁。
◎初體驗股市噴漲、人性傻傻搶進。（羊群效應）
◎可投資標的不多：除了股市不動產，政府在高點之後，陸續釋出三商銀、中鋼股票，讓市場籌碼變多，也加速了崩跌的速度；1991 年時任財政部長王建煊開放 16 家新銀行，銀行業寡頭壟斷的時代結束。
◎國際局勢不穩：1990 年 8 月 2 日至 1991 年 2 月 28 日發生第一次波斯灣戰爭，恐慌氣氛也加速下跌。
◎地下金融的崩盤：鴻源事件於 1990 年 1 月 9 日突然倒閉後告終。

↗ 房地產的無殼蝸牛運動

資金除了流進股市，當年更好炒的標的當然是房地產。根據《住宅學報》第十八卷第二期，當時台北市的「地價」從 1986 年的每坪 6.7 萬元，快速升高到 1989 年的每坪 25.1 萬元，以現在來說 25 萬一坪的房價似乎還好，可是當年來看可是不得了的天價。

當年平均薪資 21,263 元，才剛起步要成長，房價卻已經領先飛漲、利率也噴出，讓我們參考下表來體會一下當年的數據：

條件	1986年	1989年
平均收入	18萬元	25萬元
30坪公寓價格	200萬元	750萬元
房價所得比	12	30
貸款利率	7%*	11.5%

* 銀行 1 年期存款利率加 2%

由上表可知，才 3 年的時間，房價所得比增加了 2.5 倍，更糟糕的是貸款利率還上升不少，民眾可受不了這樣子的飛漲，大家不好好工作跑去炒股，太慢進場、股票炒高了找不到便宜的標的，很多民眾就參加鴻源這種地下投資公司，最後 1990 年泡沫破滅，塵歸塵、土歸土，只剩下房價跌不下來。

回頭把數據整理一下，也就能夠看出當年市場亂象的前因後果。

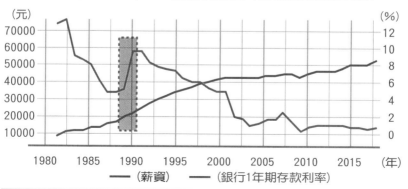

1989 年 5 月 10 日，板橋新埔國小教師李幸長及其同事們基於對高房價引起的社會不平，於新埔國小校內召開第一次籌備會，並定名為「無住屋者自救委員會」，揭開無殼蝸牛運動序幕，觸發了台灣有史以來第一個以都市改革為議題的社會運動。

◎ 1989 年 8 月 26 日：夜宿忠孝東路活動，據估計當晚有 4、5 萬人參與。

◎ 1989 年 9 月 24 日夜宿仁愛路國泰總部。

◎ 1990 年 2 月 5 日：行政院審查會通過「保險法修正草案」，將保險業投資不動產比例從 1/3 降至 25%。

◎無住屋者團結組織代表參加為期 3 天全國土地會議，並提出對相關政策的 25 點主張。

當時打擊不動產價格的動作，也在股市高點中一棒敲醒夢中人，成為促成崩跌的原因之一。回頭來探討一些現象，首先為何是由國小教師帶動風潮？個人認為因為在炒作氣氛之下，國小教師的薪資少得可憐，外面隨便都有 4 萬的薪資，但國小老師不到 2 萬。

筆者 1991 年學校結業後，剛好遇上大調薪，薪資一下子跳到 25K，可是這種薪資在當時的經濟環境下還是很難生存。還記得第一次實習分發在苗栗竹南，因為竹科就在附近不遠處，所以竹南的租金也相當高，25K 租不起房租的我，學校當時也沒有宿舍，晚上只好請警衛大哥回家，我幫他值夜班，也有個棲身之地。當年老師比較窮，自然對於房價高漲的議題感觸特別深。

↗ 地下金融盛行

當各種投資標的狂漲之後，後知後覺的投資人買進成本變高，該怎麼辦才能賺到高額利潤呢？在這種高檔的氛圍下，詐騙集團的吸金盤就開始蠢蠢欲動，讓我想起了前那斯達克主席，伯納馬多夫（Bernard Lawrence Madoff）以高報酬率吸引華爾街達官貴人的資金投資，但實際

上是靠著不斷吸收而來的資金支付先前承諾高到誇張的利息,由於長期付息都正常,一路行騙了 20 年,直到金融海嘯 2008 年始東窗事發;時至今日,美國政府還在想辦法從獲利者的手中追討一些金額,可以說是最大規模的「**龐式騙局**」(又稱老鼠會)[24]。

　　台灣也曾經在 1980~1990 年間發生知名的鴻源吸金案,宣稱可以領取極高的利息,吸引民間資金近 1,000 億元,直到 1990 年世界各國發生金融危機,政府也介入監管非法投資亂象,鴻源機構在 1990 年 1 月 9 日突然倒閉,鴻源機構突然倒閉,無法再支付高額利息,但同年 4 月正式結業。留下一臉錯愕的 16 萬債權人,與近千億元的債務。地下金融市場的恐慌,也在股市高點之際澆下了冷水,崩盤導火線於焉引燃。

↗ 2020 年 7 月 27 日,終於突破至 12,686.36 點

　　日本不斷上漲,還是無法突破 1990 年 38,712 點的高點外,很多國家都不斷創新高,像是美國道瓊工業指數當年只有 2,679 點,最近在 2020 年 2 月創下 29,569 的歷史新高,30 年大漲 11 倍,其他像是印度也漲了 40 倍、連弱到不行的阿根廷也漲了 168 倍,台灣於 2020 年 7 月底才突破 12,682 點,也就是大約 1 倍,為什麼?

國家	1990年（最高或收盤）	2018/01~2020/07各國高點	倍數
土耳其	32.57(1990/11)	124,537.98 （2020/02）	3,824倍
阿根廷	265.24(1991/6)	44,471 （2020/01）	168倍
印度	1,048	42,274 （2020/01）	40倍
印尼	417.01	6,029 （2018/02）	14.46倍
美國（道瓊）	2,679.45	29,569 （2020/02）	11.04倍
南韓	696.11	2,607 （2018/01）	3.75倍
新加坡	1,154.08	3,641 （2018/05）	3.15倍
日本	38,712.88(最高)	24,446 （2018/10）	0.63倍
台灣	12,682(最高)	12,686.36 （2020/07）	1倍

* 各國 1990 年迄今股市變動 / 倍數

有朋友提醒台股配息會讓指數蒸發，所以即便是採用表彰台股歷年來現金股利報酬所編製的「發行量加權股價報酬指數」，在 2019 年 7 月 22 日才突破 2 萬點大關，來到 20,027.2 點[25]，即便至 2020 年 7 月底 24,215.43 點，也不過 1.9 倍，與前述國家相比還是落差甚大。

在中央大學的課程中，我會以匯率作為解釋的切入點。一般來說匯率走勢可以分成升值、貶值、震盪型三種：

一路貶值型　　　區間震盪型　　　強勢升值型

像是印度、土耳其、阿根廷都是「一路貶值型」，通常都是内部結構有問題的國家，試問這些國家的股市會漲還是跌？

很多同學對於這些國家的印象都覺得很弱，除了印度是金磚四國之一，又有人口紅利，通常會認為上漲外，其他兩個國家負面消息不斷，大都認為股市應該是走跌。我接著會在課堂上公布答案，同學都驚呆了，因為這三個國家攤開來看，全都是強勢噴漲，外銷為主的企業靠著匯率就可以讓財報變漂亮，貨幣貶值、資產升值，也讓股市噴出。

舉個例子，宏達電賣到美國的手機一支 1,000 美元，在不同匯率下，匯回台灣的金額就會有差距：

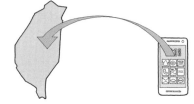

1,000美元手機	
1：30	新台幣30,000元
1：60	新台幣60,000元

＊不同匯率外銷匯回金額

在戰爭爆發之際也有類似的情況出現，在《財富、戰爭與智慧：二戰

投資啓示錄,失序時代的投資智慧》一書中提到,第二次世界大戰被德國占領的法國,在戰爭持續中也是因為貨幣貶值而讓股市噴出,這都翻轉了許多學生既定印象,原來匯率貶值會讓股市上揚,愈爛的國家股市可能漲愈多。

↗ 股市噴高未必是好事情

最後,讓我來做一個小結論;第一點,貨幣貶值也許不算什麼重要事情,但是對於一些債台高築、經濟不穩定的國家,匯率貶值會讓外債更加膨脹。

其次,股市噴高未必是好事情,尤其是體質明明沒有那麼強的國家,但是股市一直噴漲,通常我都會檢查匯率是否長期性貶值,如果是的話,這種國家就要特別小心。像是阿根廷在 2012 年時股市才 2,000 點,但現在已經來到 40,000 點。所以,股市噴高並不代表國富民強的表現,可能只是一些數字扭曲後的結果。

[*1997* 亞洲金融風暴]

↗ 再過一週，國家就要破產了⋯⋯

1997 年，韓國首都首爾市的街頭到處歡天喜慶，迎面而來的盡是掛著「慶祝韓國加入 OECD」的布條，經濟方面也是企業訂單不斷，籌募資金迎接更大的訂單，各方紛紛向銀行貸款，一片欣欣向榮的景象，銀行資金也源自於海外投資機構的美元借貸。

一般小市民也是年收入突破 1 萬美元，有了錢就愛出國、買精品，政府面對著即將到來的總統大選，更是口口聲聲保證經濟的一片好轉。在此歌舞昇平的世代，如果有人走到你面前，拍了拍你肩膀，面色凝重警告地說：「再過一週，國家就要破產了⋯⋯」一臉疑惑的你會怎麼做？

回想到 2018 年底韓國上映的一部電影「分秒幣爭」，刻畫了 1997 年亞洲金融風暴對於韓國衝擊的嚴肅議題。它從破產前 7 天開始講起，以極為衝突性的落差感吸引了韓國人的目光，整部電影如同「民間版史記」，重新思考當時政府在金融風暴衝擊下，淪落到必須向 IMF 跪乞求憐的決策是否正確？是否因為民眾過度消費而導致國家的破產[26]？

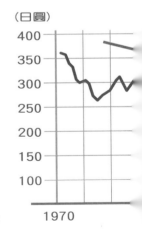

(日圓)

↗ 也許該從美國開始講起

美國在 1970 年代財政和貿易雙重赤字，但挾著美元在國際貨幣市場上的強勢地位，並藉著美元在國際

間鉅額需求，大量地發行美元而未引發其國內貨幣市場後遺症，且解決其支付國際收支赤字壓力[27]。但熱錢也讓股市噴漲，一直延伸到 2000 年的網路泡沫，在此期間，為了壓抑泡沫的產生，提高利率也就順勢而來[28]。

接著就輪到日本登場了，如下圖，自 1970 年代起日圓對美元大幅度升值，從 350：1 一路升值到 80：1，這對於日本的出口產業不利，且國內生產成本逐漸升高，因此必須要將部分產業移轉至東南亞地區之新興市場，一方面讓自己在海外建立生產基地，一方面也幫助這些新興國家的工業化與經濟成長。

來到了 1990 年代，國際金融市場大解放，資本堪稱全球化，麥肯錫公司出版《無疆界市場》（**Market Unbound**）一書中，指出世界上流動性金融資產規模，由 1980 年底約 11 兆美元增加至 1994 年底約 41 兆美元，足足成長了近四倍之多。這讓新興國家泡沫的興起有了源源不絕的資金基礎，只是從一個不是很有錢的國家，突然變得很有錢，此過程讓大家不是很能適應，許多醜惡的現象在這一段期間紛紛湧現，也讓韓國電影「分秒幣爭」有了精彩的素材。

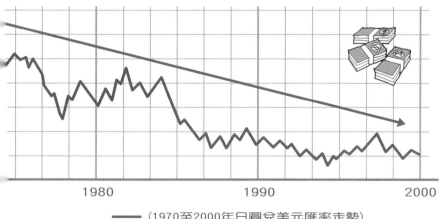

—— （1970至2000年日圓兌美元匯率走勢）

1980   1990   2000

↗ 從泰國席捲而來的風暴

1970 年代開始,泰國與其他東南亞國家一樣,經濟發展快速,積極進行各項建設,所需經費龐大,由於國際流動資金龐大,國內的貸款利率較高,於是向海外的便宜資金借貸,這也誘使泰國的外債逐漸增加;甚至亂七八糟的投資建設於焉產生,即使是興建了許多類似台灣的新竹科學園區,但當時中國大陸生產工廠崛起,很多企業優先移往大陸,借了大錢蓋的基礎設施閒置當地,空空蕩蕩的。

資金取得過於容易,沒有用在刀口上的借錢與投資,逐漸讓泰國政府與民間的狀況陷入一個「匯率陷阱」中。上一段提到,泰國因為國內利率高,所以借了許多海外以美元計價的資金。利率高的原因為何?

簡單來說,經濟增長會讓消費者物價指數等比成長,如下圖,1970年代末期,消費者物價指數成長率甚至接近 25%;1980 年代後期則大概都在 5% 上下,即便只有 5%,長期以來物價成長也是非常驚人。

為了抑制物價通膨的問題,提高利率以吸收過多的游資成為一種必然的措施。如右頁上圖,從 1994 到 2000 年之間,泰國利率均高達 5 至10% 之間,1997 年 7 月金融風暴來襲之際,利率快速來到 20% 上下,最高在 9 月挺進到 25%。5 至 10% 之間的利率應是為了因應國內物價通膨高漲,而突然升值的區段,則應該是為了吸引資金不外逃的手段。

(1970至2000年泰國消費者物價指數)

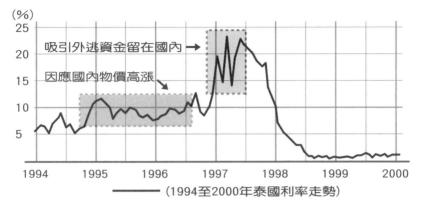

（1994至2000年泰國利率走勢）

因此，國內利率爆升，借錢找便宜的外資就成為一種必然。其次，高利率也會吸引很多資金的流入，如同台灣目前利率較低，許多人會跑到對岸開戶，把錢存成人民幣戶頭，領了 3、4% 的利率，類似的情況非常多，像是 2008 年冰島、今日的南非，都吸引資金來賺取高利潤，讓資金不斷地湧入。

還有一點很重要，1997 年間許多東南亞國家如泰國、馬來西亞和韓國等國家**國際收支長期無法平衡**；如下圖框框部分，泰國的經常帳（Current Account）均為負數，**必須依賴中短期外資貸款維持**。因此，國內利率高而選擇利率低的美元債務，經常帳長期負數必須要借錢填補空缺，匯率走貶又導致債務膨脹，都使得債務問題逐年嚴重。

匯率的波動將嚴重影響債務的償還能力，也就是說當本國貨幣貶值時，向其他海外金主借貸的美元債務將大幅度膨脹。

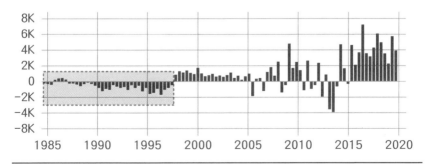

舉個例子來說，我國 A 公司向海外金主借了 100 萬美元，借錢的時候是以 1:30 兌換，所以 A 公司借到了新台幣 3,000 萬；等到要還錢的時候，匯率已經來到了 1:60，這時候並不是拿出新台幣 3,000 萬元就可以還清債務，而是新台幣 6,000 萬元才可以兌換 100 萬美元。換言之，A 公司並沒有繼續借錢，只是因為匯率的變動就導致債務的膨脹。

狀況	匯率	新台幣
借錢100萬美元	1:30	3,000萬
還錢100萬美元	1:60	6,000萬

＊貨幣貶值導致外幣計價之債務膨脹

↗ 泰國採取固定匯率

泰國等部分亞洲國家為何要採用與美元或一籃子貨幣的固定或聯繫匯率？其中有一個原因是這麼做可以吸引外國資金進入，因為在當時環境下，東南亞新興國家成為國際資金流入之處，理論上匯率應該走高，然而匯率過度走高，原本 1 美元可以兌換 25 元泰銖，就變成 1 美元兌換 15 元泰銖，吸引力會逐漸降低，因此採用固定制或控制在一定區間的匯率，無論如何都可以用 1 美元換到 25 元左右的泰銖。

在經濟面好轉的時候，這一點沒有問題，但當經濟面開始反轉，資金開始移出泰國時，匯率應該要貶值，原本 25 元泰銖可以兌換 1 美元，資金大量流出的結果，泰銖貶值，必須要 40 元泰銖才能兌換 1 美元，卻因為採行固定或聯繫匯率，導致還是可以用 25 元泰銖可以兌換 1 美元。

要讓匯率固定，必須使用外匯存底，也就是不管外資匯出多少，我都可以拿美元跟你換，而且只要 25 泰銖就可以換到 1 美元。只是泰國口袋中的外匯存底數額有限，當快要用完時，國際禿鷹集團就可以預測這種固定與聯繫匯率將會無法持續下去。當時最有名的當屬索羅斯主導的量子基金，開始大量放空泰銖，1997 年 7 月 2 日，泰國宣布放棄固定匯率，實行浮動匯率，匯率劇貶，從 25 元上下貶值到約 53 元，如下圖，從而引

發一場泰國金融市場前所未有的危機，並往亞洲其他國家擴散。

10 月下旬，國際炒家移師香港，矛頭直指香港聯繫匯率制度。台灣突然棄守新台幣匯率，1 天貶值 3.46%，加大對港幣和香港股市的壓力。10 月 23 日，香港恒生指數大跌 1,211.47 點；28 日，下跌 1,621.80 點，跌破 9,000 點大關。面對國際金融炒家的猛烈進攻，香港特區政府重申不會改變現行匯率制度，最終恒生指數上揚，再上萬點大關。

接著，11 月中旬，東亞的韓國也爆發金融風暴，11 月 17 日，韓元對美元的匯率跌至創紀錄的 1,008：1，許多借錢的外資機構紛紛要求立即償還美元借款，還不出錢當然只好破產一途，很多拿不到資金的中小企業也是慘絕人寰地面臨倒閉衝擊，也就是韓國電影「分秒幣爭」的劇情。11 月 21 日，韓國政府不得不向國際貨幣基金組織求援，暫時控制危機。但是到 12 月 13 日，韓元對美元的匯率又降至 1,737.60：1。韓元危機也衝擊在韓國有大量投資的日本金融業。1997 年下半年日本的一系列銀行和證券公司相繼破產，後來東南亞金融風暴演變為亞洲金融危機。

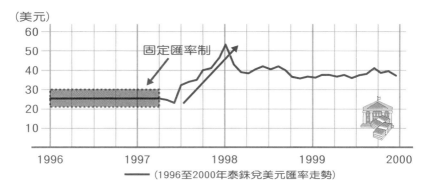

（1996至2000年泰銖兌美元匯率走勢）

↗ 對於台灣的長期影響

經常帳（Current Account）長期為正數、外債低、外匯存底高的台灣，雖然逃過了亞洲金融風暴，卻喪失了一次在痛苦中刳除腐肉的機會，有一句成語「塞翁失馬焉知非福」，沒能趁此金融災難讓我們脫胎換骨，這應

該是對台灣最大的傷害。所以韓國在金融風暴的恥辱中存活了下來,翻身之後又立即站上了耀眼的國際金融舞台,而此時的台灣正在政治鬥爭、兩岸發展中陷入了爛泥沼。

狀況	新加坡	中華民國	泰國	南韓
外債/外匯存底%(1996) [29]	2.6	N/A	99.69	203.23
匯率	浮動	浮動	固定	非浮動

＊亞洲金融風暴新加坡等國比較表

2000 年之後,改朝換代的民進黨逐步推動第一次金融改革,希望消除呆帳以及處理體質不良的眾多金融機構,如下圖,2001 年逾放比來到高點;但改革的大旗卻惹毛了地方派系,派系大老們動員了全國農漁會系統,2002 年 11 月 23 日,超過 10 萬農漁民上街,扁政府不得不停下金融改革的行動,而後續的金改也不太順利,弊案層出不窮,也抑制了金融改革的進度與深度。

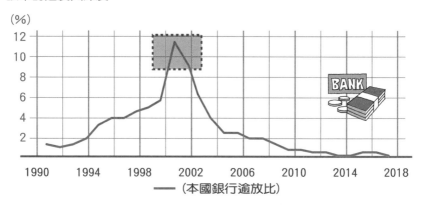

—— (本國銀行逾放比)

再加上彭淮南於 1998 年接任中央銀行總裁,如右頁上圖,新台幣匯率長期在 28 至 35 元之間震盪,這也使得外匯存底提高,看起來好像很有錢的國家,但實際上是讓匯率自動調節的功能喪失,使得原本經濟表現亮眼應該讓匯率升值的台灣,利用升值的貨幣淘汰靠著匯率貶值而讓財務數

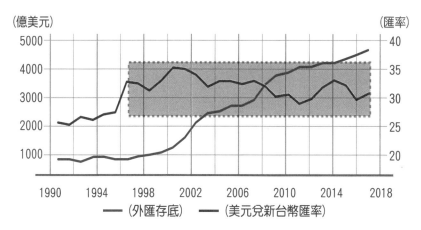

（億美元）　　　　　　　　　　　　　　　　　　　　　　（匯率）

1990　　1994　　1998　　2002　　2006　　2010　　2014　　2018

—— （外匯存底）　　—— （美元兌新台幣匯率）

字變漂亮的企業，讓這些缺乏競爭性的企業在匯率的控制之下仍能苟延殘喘，失去了一連串產業升級的契機。

　　時至今日，一連串毛利率極低的殭屍企業，只剩下幾家還抬得上檯面的公司，**面對著老人化、少子化一連串的經濟衝擊，政府未來稅收將會明顯不足**，今日的政府卻開了許多未來要付錢的支票，前瞻建設、高鐵延長到屏東、彰化偏遠地方也要蓋捷運，誰有想到未來 30、50 年要花多少的維運費用呢？

　　2020 年又碰上了 COVID-19 疫情，政府支出債務又不得不大幅度增加，有沒有想過，我們未來的處境將會相當艱困？

[2003 離婚率創下新高]

↗ 2003 至 2006 年高離婚率

　　台灣離婚率愈來愈高？很多人的答案是肯定的，但分析離婚對數與粗離婚率的走勢圖，就可以發現離婚率最高點發生於 2003 年的 2.9% 及 2006 年的 2.8%（如下圖），曾拿過亞洲第 1、世界第 2，自此之後卻逐步下滑，並不是想像中的愈來愈高。但為何在那時候離婚率特別高呢？

　　一般來說，離婚率攀升應該與受教育、就業機會增加、薪資差距縮小有關係。如右頁圖，但無論是針對就業人數方面、男主外、女主內的觀念逐漸淡化，或是女性就業人數不斷升高，女性就業占比也從 33% 提升到 45%；然而，這些趨勢也看不出為什麼當時離婚率爆增。

　　其次，在薪資方面，女性總薪資也是與男性同步提高，尤其是從比例上來看，女性薪資從 71% 提升到 83%，只是從薪資這一點，還是無法看出 2003 至 2006 年離婚率大幅攀升的原因。

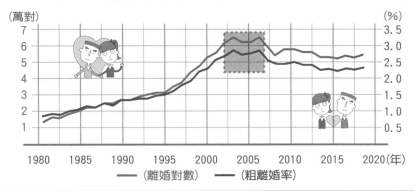

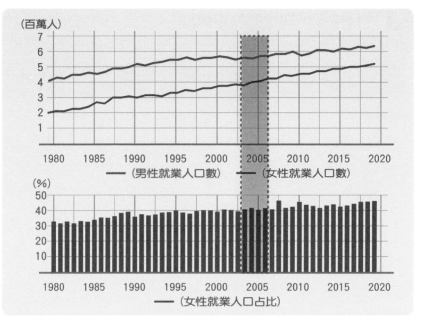

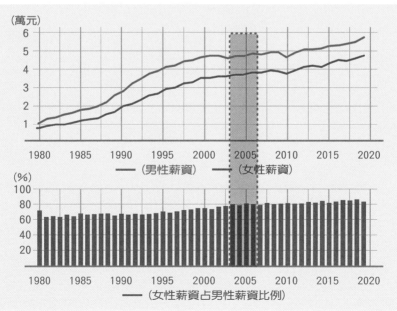

↗ 從母節孝坊開始的社會氛圍

離婚,可能出自於個體因素,像是家庭收入、夫妻教育程度、初婚年齡等,也有可能是總體因素,像是經濟發展、教育普及、女性加入勞動市場、技術進步、文化變遷、法規演進等,例如有研究發現學歷愈高,離婚率愈低 [30]。

時至今日,現今社會的氛圍,離婚不再是一種會被看不起的事情,社會逐漸接納了離婚男女,2018 年因公赴金門兩週,看到了著名的一級古蹟「邱良功母節孝坊」,立此牌坊的目的在於表揚清朝浙江水師提督邱良功的母親許氏堅貞守節 28 年,撫育其子成為國家棟樑,教子有功,可為鄉梓的楷模。

堅貞守節有其歷史背景因素,隨著社會觀念逐漸開放,女性獨立自主的精神逐漸扎根,不再認為離婚是一項恥辱,堅貞守節的概念也與現行社會環境不相容,因此對於不美滿的婚姻勇於提出分手。

1993 年間,台灣發生知名的鄧如雯殺夫案,鄧女 15 歲時遭其夫林阿棋強暴懷孕,在當時的時空環境下被迫與林男結婚,自此鄧女與家人均長期承受暴力虐待、恐嚇威脅。鄧女歷經 7 年凌虐,在一次其夫又出言恐嚇後,趁林夫熟睡時將之殺害。當時引發輿論關注,檢討結果是因為對於女性保護不足,求助無門下始犯下此案,並催生家庭暴力防治法,於 1998 年立法通過。

1997 年也通過了性侵害犯罪防治法,在人身安全保護的基礎之後,進入到 2000 年時,我國出現第一位女性副總統呂秀蓮、2002 年性別工作平等法、2004 年性別平等教育法、2005 年性騷擾防治法立法通過,人身安全上的保護更形強化,2016 年蔡英文也擔任民選總統,兩性平等工作上有顯著成長。

還有一個原因蠻特別的,有研究者針對 2001 至 2003 年台灣地區各縣市離婚率的追蹤資料分析,外籍配偶占有偶婦女比率越高之縣市,其離

婚率較高，有顯著正相關之影響，其中外籍新娘以大陸配偶比重越高之縣市，較東南亞及其他國籍者，與離婚率呈現高度正相關 [31]。

接著我們再把離婚對數與上開外籍配偶結婚對數的資料整合在一起，會發現在大陸籍配偶結婚對數成長的 1998 至 2003 年之間，離婚對數也似乎相對拉高，但因為資料欠缺完整性，只能說上開研究內容可以參考一下，也許是離婚偏高的可能原因之一。

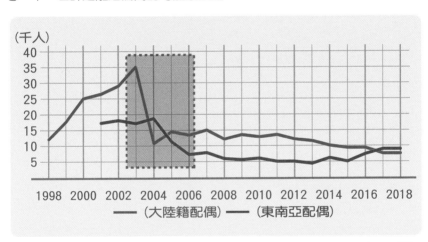

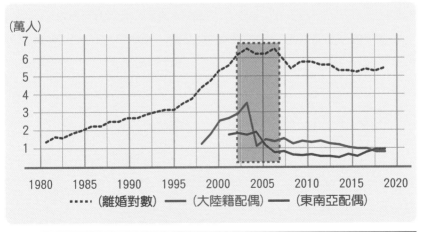

↗ 降低離婚率的方法

　　離婚會導致單親教養的問題，無監護權的父親或母親，雖然依舊可以有探視權（會面交往權），但畢竟無法時時刻刻在身邊，也使得教養受到限制。取得監護權的一方大多在工作，若無強大的家族力量支持，對於子女教養也會力有未逮。

　　其次，未婚生子的觀念尚不普遍，為了讓生育率提高，除了保護未婚生子者的權益，另外一種方法就只能提高結婚率、降低離婚率，才能改善目前生育率逐年下滑的困境。

> ◎保護未婚生子者的權益
> ◎提高結婚率
> ◎降低離婚率

　　世界各國都有很多詭異的制度來降低離婚率，譬如說中國大陸推出的冷靜期 [32]、婚姻測試卷 [33]；韓國修訂國民年金法時，針對夫妻 2 人離婚後，在分享養老金（國民年金）的時候，將去掉離家出走和分居的時間，只結算 2 人一起生活的日子 [34]，其他還有一些說法，像是多多約會、少上網。

　　假設結婚率也不能提高，離婚率也無法降低，政府應該要給予離婚者照顧子女更足夠的專業支持，像是子女監護權與探視權、子女扶養費給付的問題等，在訴訟機制外，再加上一些緩衝機制，讓不得不離婚的當事人能妥適安排子女的生活，像是「駐法院家事服務中心」，由台南市政府委託台南市女性權益促進會專業社工進駐台灣台南地方法院，連結行政與社會資源，延伸服務據點，提供家事事件當事人、關係人與民眾多元化服務及輔導 [35]。

　　香港也有類似制度，於 2019 年成立 5 個由非營利組織的「離異父母共享親職支援中心」的機制，提供離異父母及其子女的服務，包括共享親職輔導、親職協調服務、有系統的親職團體或活動、兒童為本的輔導 / 團體活動等 [36]。

2020 年大法官第 791 號解釋針對刑法通姦罪宣告違憲，過去透過刑法防止外遇的機制也不復存在，是否會讓離婚情況增加，少子化、人口結構老化等問題更形嚴重，還值得觀察。

既然少子化是一個存在的事實，離婚率短期之內也看不到降低的有效措施，因此我們必須建立一些優良成長環境，好好栽培下一代，而不要讓我們這一批準備變老的老人拖累了他們，變成他們沉重的負擔。

[*2003* SARS]

↗ 醫院變成了監獄

　　你的記憶中是否還殘存著 SARS（嚴重急性呼吸道症候群）的回憶？翻找著舊資料希望喚醒當年的教訓，過程中依稀想起當年和平醫院大量醫護人員感染，最後被迫封院，一名壹週刊記者在封院前進入了醫院，並記錄了種種慌亂與無序、愛作秀的官員，還有決策草率及人性溫暖 [37]。

　　把自己假想是和平醫院的一名醫師，2003 年 4 月 24 日中午才剛看完最後一名病人，突然聽到醫院下令封院，下令所有醫護人員不准離開，這時候還在疑惑真的封院還是演習時，就已經看到幾位不太熟識的醫護人員硬是走小道跑了出去，這才驚覺不對，差了幾秒就跑不出去，留在這個堪比集中營的地方。

　　在和平醫院一發現疫情時，早就該在 4 月 22 日封院，但即便感染多人，仍舊開放門診，多少病人進進出出，也讓疫情難以收拾。突如其來的封院，大家都沒準備好，相關部門更是急就章，少了完備的配套措施，晚上連睡覺休息的地方都沒有；只有對外的隔離，內部少了區隔與防護器具，根本就像是猶太人的毒氣室，跑都跑不掉。

↗ 房價低迷、政策做多

　　台灣從 2003 年 3 月 14 日發現第一個 SARS 病例，到同年 7 月 5 日世界衛生組織宣布將台灣從 SARS 感染區除名，近 4 個月期間，共 664 個病例，73 人死亡。由於世界衛生組織將台灣列為旅遊警示區，當時不僅重創內需及旅遊觀光業，也讓正從谷底往上復甦的房市，又被重摔。

1990 年代因為股市、房市一起大崩盤，許多建商股價淪為雞蛋水餃股，1997

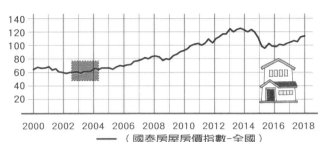

（國泰房屋房價指數-全國）

年亞洲金融風暴、2000 年網路泡沫，在一連串的金融風暴下，房地產成交低迷；這一段期間很多人拋售房地產，使得房價來到低檔，當時有一則報導，描述當時利率活存 1%、定存 2%，使得交易熱絡，有投資客在台中一次買了 70 間套房[38]；依據國泰房地產指數季報顯示，當時的新推個案標準單價，台北市平均價格不到 35 萬元[39]，這時候真想要搭乘時光機，把信用槓桿做到最大，買個 10 間再說。

在房地產景氣嚴重低迷之下，政府只好出手了，包括土地增值稅減半開徵、低

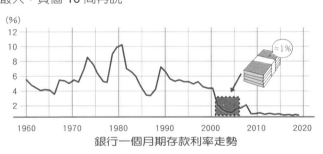

銀行一個月期存款利率走勢

利購屋貸款，以及開放外資投資台灣不動產[40]。如上圖，從 2000 年開始銀行利率就大幅度下滑，到了 2003 年趨近於 1%，也在當時創造了資金寬鬆的環境，促使房地產更是往前衝。

SARS 疫情受到控制後，萬事具備，連東風也來了，房價開始快速翻揚向上，一路漲到 2008 年金融海嘯始暫告停止。爾後，只有 2007 年利率還有微幅上揚，之後就一直處於低檔。參考日本負利率的發展，與日本人口結構老化脫不了關係，我國未來也將走向人口結構老化的道路，因此景氣低迷、低利率應該是長期趨勢。

[2004 兩顆子彈]

↗ 陳水扁再次連任

　　陳水扁代表民進黨於 2000 年民選選上總統，經過了 4 年，又來到了競選之日，2004 年 3 月 20 日又準備投下神聖的一票，決定是否由陳水扁續任。沒想到就在投票的前一夜，當陳水扁與呂秀蓮在吉普車上揮手向眾人示意之際，人群中的兩聲槍響劃破天際，其中一顆子彈穿過汽車擋風玻璃後擊中副總統呂秀蓮膝蓋，另一顆則擦過陳水扁腹部。還好鮪魚肚夠厚，在奇美醫院緊急搶救之下，只傷及總統的脂肪組織，並沒有打穿腹腔。傷口有 11 公分長，3 公分深，共縫了 14 針。

　　經過一番調查，國際鑑識專家李昌鈺也來台灣參一腳，指出三一九槍擊事件開槍的嫌犯為已溺斃的陳義雄。只是讓人疑惑的一點，槍擊案發生後 10 日，深諳水性的他，卻在案發後第十天被發現手腳遭八卦網纏住、陳屍安平運河航道出口落海溺斃，加上其生前留下的遺書已經被毀，整個死亡很像是電影暗殺總統、刺客滅口的情節[41]。2006 年，陳義雄的妻子突然帶著兒女出面翻案，表示他們當初是受到警方逼供，才會承認陳義雄犯案，那幾天台灣公益彩券發行的三星彩就開出了 319 數字，四星彩開出數字是 3219，彷彿代表 319 槍擊案 2 周年[42]。

　　連宋本來競選勝券在握，卻因為兩顆子彈的出現，選舉結果馬上翻盤，29,518 票，得票率僅差距 0.22%。連戰、宋楚瑜一方當然不服輸，在眾多疑點之下，引發民眾抗爭，最後，為了查明三一九槍擊事件真相，平息選舉爭議、安定政局，還特別制定「三一九槍擊事件真相調查特別委

員會條例「，並據以設置「三一九槍擊事件真相調查特別委員會」，只是最後即便提出了報告，很多疑惑還停留在當時許多人的心中。

候選人	得票數	得票率
陳水扁、呂秀蓮	6,471,970	50.11%
連戰、宋楚瑜	6,442,452	49.89%

↗ 百萬人民倒扁運動

　　一上台就因為兩顆子彈讓執政在野終日紛紛擾擾，沒想到又爆出了許多弊案，2005 年 8 月陸續爆出，部分台灣媒體稱之為「一妻、二秘、三師、四親、五總管」，主要有總統女婿趙建銘涉及內線交易案、第一夫人吳淑珍被控收受太平洋 Sogo 百貨的禮券並介入該公司經營權之爭、炒作股票、總統府的國務機要費案等，引發民怨不滿，印象最深刻的是一位工人在扁家對面施工時，站在高處面向阿扁的住處說：「阿扁啊！貪污的錢拿來還我；貪這麼多的錢花得完嗎？你對得起台灣人民嗎？」[43]

　　2006 年 6 月，國民黨推動罷免案，但因門檻過高並未成立；後施明德在 8 月 7 日，寫了一封《給總統陳水扁的信函》，希望總統陳水扁能主動辭職下台，也是未獲回應，於是 8 月 12 日起，施明德發起「百萬人民倒扁運動」，要求陳水扁應為國務機要費案、其親信及家人相關的諸多弊案負責，並主動下台。9 月 9 日，民眾集結於總統府前的凱達格蘭大道進行靜坐，開啟了序幕，但隨著抗爭時間拉長，慢慢地氣勢減弱，只剩下老兵還在凱道上堅持著揮舞國旗。

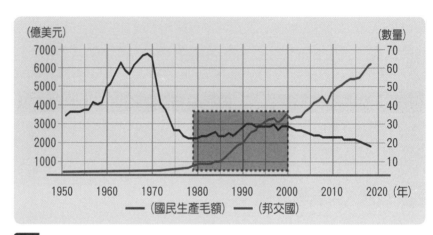

↗ GDP 與邦交國

　　除了兩顆子彈的疑惑、貪污腐敗的抗爭，外患中國大陸也湊了一腳，不斷地挖我外交的牆角。兩岸的外交屬於金錢外交，陳水扁任內還有 23 至 29 個邦交國，這些名不見經傳的國家之所以會與我建交，說穿了大多是為了利益；只要與我斷交，有建設、有農業協助，政客說不定口袋還能滿滿，建交斷交的關鍵，在於我國還是中國大陸誰給的錢多。

　　一直以來我國的國內生產總值（Gross Domestic Product，簡稱 GDP）幾乎都呈現年年成長，如上圖所示。

　　1979 年與美國斷交之際，邦交國降到只剩下 23 個國家，然而當時我國經濟正在起飛，國內生產總值（GDP）快速增長，這也開啟了金錢外交的濫觴，中國大陸經濟尚未起飛，1991、1997 年還曾經維持在 30 個邦交國。

　　然而，在前總統陳水扁執政後，國內生產總值（GDP）依舊快速增長，但為何邦交國數量卻每況日下？

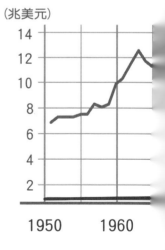

　　這時候可以將我國與中國大陸的國內生產總值（GDP）比較一下，在下圖中會發現我國 GDP 的成長與大陸地區比較起來顯然微不足道，再加上民進黨台獨主張與中國大陸本來就不對盤，當然也就難以抵擋對岸的外交封鎖。

　　陳水扁時代，兩岸關係低迷、國際關係推展有限，拼經濟掛嘴上卻不在手上，低利率時代促成房地產價格翻漲，也打下現代年輕人無法買房的基礎。政治上的紛紛擾擾，加上貪污腐敗也讓國民黨有再起的機會，2008 年馬英九選上了總統，又是一番故事了。

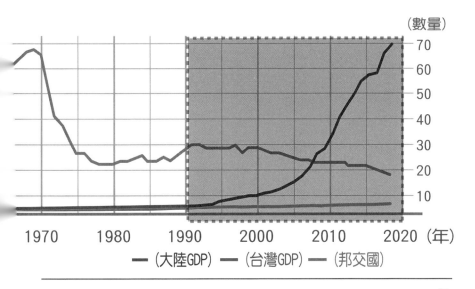

[2006 卡債風暴]

↗ 90 萬的 BMW 可以貸款 100 萬

因緣際會，地方上認識了一些二手車商，走訪民情時，經過這些車商朋友的店，也會走進去打個招呼，聊聊地方的小八卦；坐著聊天的同時，常常看到有一些油裏油氣，手臂上還刺著龍的小混混，一進來就指明要看 BMW 的二手車。

心裡起了一些疑惑，自己出來工作多年，還只能開著一輛 10 萬元破舊的 Nissan 二手車，有時候開到一半還會突然熄火、失去動力，還記得第一次碰到熄火的情況，心情非常緊張，緊急剎車停在繁忙的環河快速道路中央，急急忙忙打到 P 檔、重新發動、再打回 D 檔，即可恢復馬力繼續前行；後來因為熄火次數很多，有了經驗不再緊張，也找到了快速解決的 SOP，直接打入 N 檔，一邊滑行，一邊重新轉動鑰匙啓動，聽到引擎恢復的聲音，再排回 D 檔即可，不需要緊急停車。

這些小屁孩怎麼有錢買 BMW ？

打聽了一下原委，發現原來是改寫一下買車的價格，原本是 90 萬元，改到 120 萬元，配合特定的貸款業者，在 2000 年網路泡沫之後，銀行因為企業貸款降低，只好改衝消費性貸款的業績，睜隻眼、閉隻眼，氾濫的資金就放貸出去了。好康倒相報，這些小屁孩紛紛來買高檔車，還可以拿一筆資金，至於要不要還錢，只能靠良心了。當然到最後很多都變成呆帳，全民一起擦這個屁股。

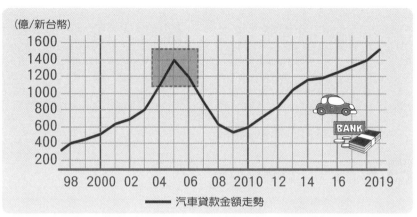

（億／新台幣）

| | | | | | | | | | | |
98 2000 02 04 06 08 2010 12 14 16 2019

—— 汽車貸款金額走勢

　　2020 年新冠病毒（COVID-19）疫情肆虐，有媒體報導防疫意外帶動今年前 4 個月的車市銷售動能 ；然而，我們把時序往前拉，從金融海嘯過後，汽車貸款一直攀高，目前已經超越了 2005 年的高峰，可能與長期低利率有關係。

↗ 喬治瑪莉現金卡

　　台灣歷經過亞洲金融風暴後，銀行業務大幅縮減，1999 年間，時任萬泰銀行董事長的許勝發先生前往日本考察時，發現日本靠小額信貸放款業務獲利，回台後逐開始了國內的第一張現金卡「喬治瑪莉」。

　　「喬治瑪麗現金卡」，英文名稱為「George & Mary」，以台語的諧音「借錢免利」命名，但是借錢怎麼會免利，問世 2 年之後，讓萬泰銀行的獲利攀上高空，同時創下罕見的股價大漲八倍奇蹟，也讓許多銀行紛紛跟進，像是土地銀行「春嬌志明現金卡」、華南銀行「轉運color現金卡」、台新銀行「Story 現金卡」等。

　　但大家搶做生意的結果，使得授信標準下降，甚至找了曹啓泰拍了廣告，訴求灌輸民眾借錢是高尚的行為，結果爭議過大，要求只能在晚上 11 點以後的深夜播出，導致社會瀰漫著借錢有理、消費無罪的氛圍；濫發現金卡的結果終於在 2005 年引發卡債風暴，翌年 2006 年，發生席捲

全台的卡債風暴,逾 80 萬人淪為卡奴,平均欠款超過 100 萬以上台幣;當年發行第一張現金卡的萬泰銀行也因呆帳問題導致淨值過低,2008 年又遇上金融海嘯,使萬泰銀出現鉅額虧損,股價一度跌到 2 元,雖經多次增資改善體質,在 2014 年還是被開發金控合併。

成也喬治瑪莉,敗也喬治瑪莉。

↗ 現金卡外,還有信用卡

當年的卡債風暴,來自於金融業產業低迷,必須要衝刺消費金融市場,而且不只是現金卡,還包括信用卡,連還沒有畢業的學生都可以申辦,無可避免地要回到歷史上讓人搖頭的「雙卡風暴」——信用卡、現金卡。

為了賺取更高的獲利,如同電影「大賣空」描述 2008 年金融海嘯發生的原因,在於金融業鼓勵民眾買房貸款,即便將購屋者的名字寫成家中狗狗的名字,也沒有人發現;過度鼓勵消費的結果,超過年收入數十倍的借款,連學生都可以辦學生卡,還沒出社會,就因為大量消費性借貸而背負了一屁股的債,更誇張的情況,失業者、重度身障者都可以獲得高額貸款;凡此種種的異常現象,就如同在火藥庫旁烤肉一樣,隨時會引爆火藥庫造成重大災難。

如右頁上圖,2005 年間,信用卡循環信用餘額位於 4,656 億元的高水位,大量的借款人繳不出借款,使得銀行蒙受極大的壓力;中信金與台新金先後於 2005 年 10 月及 11 月宣布增提全年呆帳準備超過 300 億元的額度[44],不只銀行類股股價大幅度地下滑,風暴的實質破壞力已滲透進社會中下階層。

卡奴在銀行各種逼迫還款的壓力下,有些跟著父親躲避討債公司的追討,每天坐在副駕駛座跟著父親跑計程車賺錢討生活,連上學都不敢,嚴重者還會受不了壓力而自殺,留下不知道如何生活的年幼子女。

雖然討債公司如果違法暴力討債,刑法可以在法律上保護債務人,但

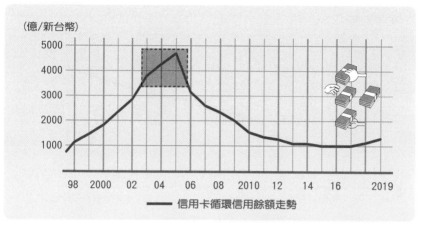

（億/新台幣）

信用卡循環信用餘額走勢

實際生活上卻無法成為盾牌保護這些人 [45]。經過社會各界的關注，透過立法委員進行協商與立法，政府也才後知後覺地發現事態嚴重，於 2007 年 7 月通過 < 債務清理條例 >，2008 年陸續修正民法繼承規定，多年下來，慢慢地讓消費貸款與信貸餘額大幅度降低，債務也不必由無辜下一代所承擔，銀行也不再鼓勵年輕人借錢，學生卡成為歷史。

↗ 誘使民眾超過自己負擔買房

隨著人口結構、資產稅調整，房地產景氣開始反轉修正，為了消化建築業者的存貨，各種誘使民眾進場買房的措施出籠，像是接近 1.5% 的房屋貸款利率 [46]、40 年的長期貸款利率 [47]，這些機制誘使薪水難以增加的下一代，買在高房價的位階 [48]；實質上沒有能力買房的年輕人，在輿論壓力上背負著退休前恐怕都不太能清償的房貸，很多老一輩的前輩或者貪婪的投資客，把不買房的問題歸結為個人努力不夠，卻忘了探究人口結構的長期趨勢，把所有得責任推到難以力抗趨勢的下一代。

很多事情是結構的問題，不單單是個人的問題。

在 7-11 直播時，點了杯熱的美式咖啡，調整一下手機腳架與電腦的位置，想著 2005 至 2006 年發生的卡債風暴，金融業者鼓勵年輕人超過

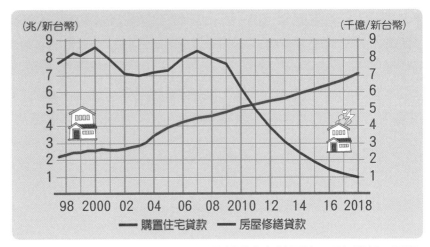

自己負擔能力借錢，買了房，連房屋修繕貸款都被壓縮而逐年降低，這絕對不是一個善盡社會責任的企業應有的做法 [49]。

　　時至今日，房地產價格的下跌似乎已現端倪，但金融業者與房地產業者又重蹈覆轍，鼓勵大多數無法負擔高價房代的民眾，以各種低利率、長期貸款的誘因，將不動產塞貨給民眾，點燃了「**房債風暴**」火藥庫的引子，可預期的未來，這個火藥庫不引爆也難，屆時沒有人能占到便宜，只有大家一起努力擦屁股吧！

早知道就不要硬著頭皮買了！

[2008 金融海嘯席捲而來]

↗ 脫衣舞孃買的一堆房子

有看過電影「大賣空」嗎？

一部以 2008 年金融海嘯故事為主軸，描述當華爾街金融界正每日夜夜笙歌，政府監管人員也鬼混在一起，有四組人馬看到了危機在即的房地產與相關衍生性金融商品，男主角之一的馬克‧鮑恩為了決定是否放空，四處探訪房地產實情，包括拜訪保險業務員、房仲業、脫衣舞孃、租賃房屋的居民，其中尤以脫衣舞孃那一段最經典[50]：

⊙馬克‧鮑恩：妳怎麼貸款的？……所以妳在一個不動產上有超過一個貸款？

⊙脫衣舞孃：每個人都如此做，至少我還在這裡。

⊙馬克‧鮑恩：雖然現在價格趨向平穩。

⊙脫衣舞孃：是的。

⊙馬克‧鮑恩：好的，請注意，如果房價不再上揚，妳將會無法再融資，並且您將無法支付寬限期到期後的每月支付額，屆時妳的每月支付額都可能高達300%。

⊙脫衣舞孃：我覺得還是會一樣，總是能再融資。

⊙馬克‧鮑恩：好吧！他真的是一個騙子，而且他可能是錯的。

⊙脫衣舞孃：200%，我所有的貸款？

⊙馬克‧鮑恩：你說你所有的貸款是什麼意思？我們是說一間房子兩個貸款，是嗎？

⊙脫衣舞孃：我在此合約中有五間房子。

一開始，1923 年成立貝爾斯登投資銀行，名列全美第五大，有著 85 年歷史的金融機構，居然於 2008 年 3 月宣告破產，被摩根大通以每股 2 美元的低價收購；此時，遠在太平洋另一頭的我們正喜慶新任總統馬英九當選，大家希望在兩岸和諧發展、經濟一片繁榮發展，遠在美國東岸的銀行破產，似乎對我們影響沒有太大。

↗ 一條狗都可以貸款

次級貸款，是指貸款給信用比較差的對象，但是為了將這些貸款包裝成住房抵押貸款證券，再以金融衍生商品的模式進行銷售，賺取大筆利潤，如同 2006 年卡債風暴一樣，整個審查機制崩潰，戲稱連一條狗都可以貸款，最後在利率上升之際，引發大量違約，前兩大房貸公司房地美、房利美被接管，並將風暴燒到持有衍生性金融商品的企業。

住房抵押貸款證券失去了大部分的價值，造成許多金融機構資本大幅下降，像是 2008 年 9 月雷曼兄弟公司 (Lehman Brothers Inc.) 破產也是一例，該公司相關連動債也讓許多台灣投資人受到波及，越洋求償多年才陸續拿了些本金回來。雷曼兄弟公司也是受到次級房貸風暴的連鎖效應波及，股價跌到低於 1 美元，裁員、找金主，但負債高達 6,130 億美元，在風雨飄搖的時代，沒有人敢收購，最後只有破產一途，可說是 2008 年金融海嘯浪潮高峰的關鍵指標。

↗ 3,955 點腳麻的那一天

當時的我還是一位投資菜鳥，手中還要繳納高額房貸，更慘的是又準備在 2009 年留職停薪，將要 1 年沒有薪水，卻在這個節骨眼裏頭巧遇此一世紀大風暴。回想起當年的恐慌，2008 年 9 月底時已經跌到 6,000 點，手中沒有多餘的資金，想要加碼進場也沒有辦法，只有基金持續扣款；沒想到接下來的 50 天卻更是難熬，每一天都比前一天還要寒冷，在那種崩跌的環境中，政府的信心呼喊已經完全沒有用，10 月 23 日台股加權指數成交量只剩下 264 億元。

　　跌破 4,000 點的重要關卡，最低來到 3,955 點的那一天——2008 年 11 月 21 日，成交量稍見起色，來到 523 億元；12 月 25 日政府通過 <振興經濟消費券發放特別條例 >，決定發放消費券，每個人都可以領到 3,600 元，以特別預算方式編列，希望透過灑錢的方式，讓市場經濟的活水繼續重啟循環。

　　也許是消費券的政策，當時已經新曆年底，12 月 29 日稍有反彈的指數 4,416 點，帶著 238 億元的新低量，有了一點曙光；可是金融海嘯太讓人恐懼，漲漲跌跌了一陣子，一直到 2009 年 3 月才拉了一波，一路拉抬到 4 月中旬，指數已經漲了 50%，一晃眼居然回到了 6,000 點。

　　消費券舉債新台幣 858 億元，也讓政府的財政更形惡化，不過面對史上少有的金融海嘯，資金不再流動造成經濟冰封時代，政府充當直升機直接灑鈔票讓人民花用，或許能讓停止運轉的心臟再次啟動。經過了金融海嘯，於 1988 年首次訂定的巴塞爾協議，一直到 2010 年針對金融海嘯修正到巴塞爾協議 3（Basel Ⅲ）針對金融風險設計了許多機制，要求金融業的資本適足率必須達到一定的標準，強化體質以因應未來的挑戰。

↗ 資本適足率的影響

　　最近看到一則新聞：「大到不能倒！金管會公布 5 大系統性銀行名單」[51]。什麼是系統性銀行？金管會主委顧立雄於 2019 年 6 月 27 日公布我國五大系統性銀行，包括中信、國泰世華、台北富邦、兆豐、合庫銀，他指出被列為系統性銀行是一種榮譽也是責任，所以資本的要求比一般銀行高 4%、且每年應辦理 2 年期的壓力測試，另外也要申報經營危機應變措施。

　　一般銀行的普通股權益比率、第一類資本比率、資本適足率是 7%、8.5%、10.5%，但系統性銀行必須要拉高到 11%、12.5%、14.5%。受到尊榮禮遇的系統性銀行，要怎麼做到這麼高的要求呢？

> ①少發現金股息：金管會主委顧立雄表示目前全球市場波動這麼大，金融業獲利都要先提 30% 的特別盈餘公積，不要一直發現金股利，把錢都發完[52]。

②透過增資、特別股等方式籌資：如果發現金融股在增資、發特別股，一定可以找到關鍵字「資本適足率」。

③降低風險性資產。

至於金融股可不可以買？我還是要先強調任何股票股價都是多重因素影響，因為看到其中一個有關於資本適足率的問題，推導出股價會漲、會跌，這樣子是無法回答的。

假設是增資的方式，將會使得股本擴大。

原本情況	獲利不變 / 股本變大	獲利變小 / 股本變大
$EPS = \dfrac{獲利=5}{股本=5}$ 1.0	$EPS = \dfrac{獲利=5}{股本=10}$ 0.5	$EPS = \dfrac{獲利=3}{股本=10}$ 0.3

＊獲利、股本變化對於 EPS 之影響

分母股本確定增加，獲利不一定增加，尤其是那些系統性銀行，資本適足率的升高也代表成本比較高，獲利甚至於可能會降低。如此一來，分子變小，分母變大，EPS 會變差。因為大多數的投資人會參考 EPS 來決定是否買進或賣出，所以當 EPS 變差的時候，會壓抑股價。

↗ 低利率、房價再次噴出

2008 年金融海嘯一下子就過去了，當時許多不動產業者的股票都來到了低點，房價更是來到可怕的便宜。對於沒工作、沒閒錢，還有高額貸款的我，選擇看著機會在眼前流逝。現在回想起來，不知道是自己選擇將機會放棄，還是根本看不到機會的存在。反正，低利率又來了，並且引發了下列趨勢：

①許多優惠措施快速集中，讓房價在 3 至 5 年間來到了高點。

②勞工經歷了 22K、無薪假的震撼教育，低薪似乎成了正常。

③薪水不夠買房，房價所得比攀升，貧富不均的裂痕默默加大。

[*2009* 戶量跌破 3.0（人 / 戶）]

⬈ 戶量減少，需求大增？

筆者在多篇文章中提到影響不動產趨勢的關鍵因素，像是房價所得比過高、27 至 41 歲初次購屋人口也開始逐年降低，以及繼承集中化等原因、大量興建社會住宅、資產稅逐步攀高等因素，都讓筆者不看好未來 10 年、20 年，甚至於更久的不動產市場。

當筆者提出這些論點的時候，也有論者提出反對意見，認為目前家家戶戶人口減少，每戶人數的數據（稱之為「戶量」）逐年降低，總體戶數逐年增加，因此需求絕對會增加，所以不動產價格還是會上漲。

有關於這個論點，我們一個一個來看相關數據。首先是「戶量」，代表每戶人數，像是早年大家庭二、三代同堂，每戶可能都有 5 人以上，現在有的小家庭才 1、2 人。

如右頁上圖斜線的部分，顯示由 1991 至 2019 年戶量總數，因為少子化、都市化（離鄉背井，隻身一人到都市工作與居住）、配偶死亡等原因，造成「戶量」逐年減少，從 1991 年的接近 4 的 3.94 人，到 2019 年只剩下大約 2.8 人：

接著讓我們再來找出「戶數」的數據，也就是全國總共有多少戶。也就是直條圖所顯示，可以清楚看出 1991 至 2019 年戶數總數，從 522 萬戶，一路成長到 873 萬戶，成長幅度相當驚人。

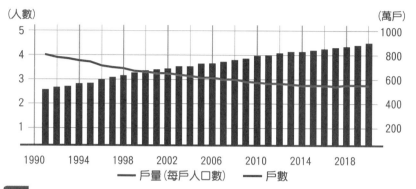

（人數）　　　　　　　　　　　　　　　　　　（萬戶）

—— 戶量（每戶人口數）　　—— 戶數

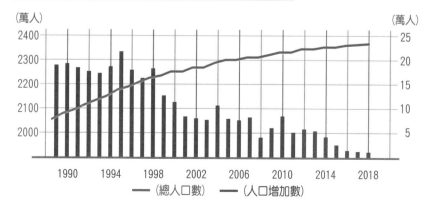　我國人口、戶數增加數雙雙減緩

假設我國目前的處境是人口不但不斷成長，更沒有少子化、老人化的結構困境，這些朋友提出每戶人數降低，會使得不動產需求增加的論點，比較站得住腳。只是光人口成長這件事情，恐怕就有問題了，讓我們來看近年來人口總數與人口增加數：

如下圖，可以發現 1991 至 2000 年的成長較快，接著逐漸趨緩，自2008 年總人口數進入 2,300 萬人，來到 2,303 萬人，迄今人口增加速度逐年減緩，時至 2016 年，也不過才 2,354 萬人。本來少子化問題嚴重，應該使得人口早就該反轉向下，但隨著壽命延長，讓反轉向下的速度減緩，預計未來幾年才會開始進入人口負成長的時代。

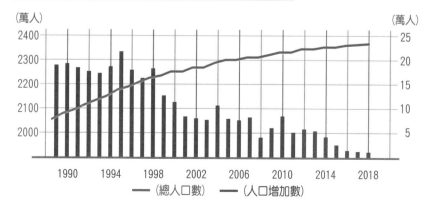

（萬人）　　　　　　　　　　　　　　　　　　（萬人）

—— （總人口數）　　—— （人口增加數）

同樣地，我們把戶數每年增加數製成圖表來看，也是呈現下滑的趨勢，從 85 年最高的 20.2 萬戶，到 105 年僅剩下每年增加 9.2 萬戶。

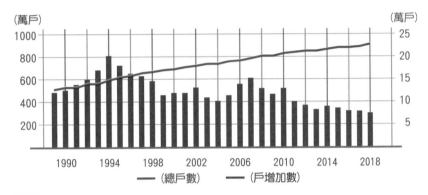

↗ 蓋了一堆沒人住的房子

哈利 · 鄧特二世的《投資大進擊》書中提到中國人特別愛玩房地產，只會拿零頭去投資股票與債券，這種現象會使得房地產過度建設；並引用一張圖表（如下圖），顯示 2000 年以來，中國大興土木建造的住宅快速成長，但新增家庭數量卻不增反減 [53]。

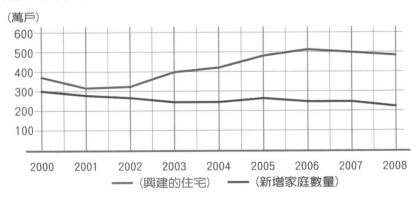

人沒增加多少，房地產卻不斷暴增，泡沫問題嚴重。兩岸民風相同，都很喜歡置產，認為有土斯有財、買房永遠不會下跌；所以筆者也參考建物存量增加量與戶籍數增加數，繪製如右頁上表：

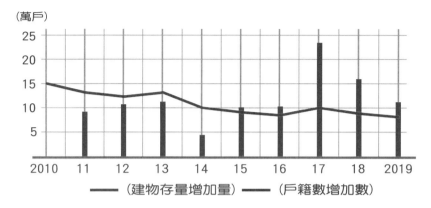

（萬戶）

——（建物存量增加量）—— （戶籍數增加數）

　　因為資料僅有 2009 至 2019 年，有些資料也不太完整，難以看出長期趨勢，但可以看到戶籍數增加數逐年降低的趨勢很明顯；至於建物存量增加數波動較大，看不出一個明顯的趨勢，但至少可以知道一件事情，2014 年開始，建物存量增加數遠開始大於戶籍數增加的數字，與哈利‧鄧特二世《投資大進擊》一書中描述的情景類似，都有過度濫建的現象，再加上我國人口又將反轉向下，實在看不出來本論點可以作為支持房地產需求增加的理由。

　　戶數增加趨緩、不動產供給仍舊維持高檔，將導致供需失衡，泡沫終將破滅，不動產市場的寒冬將至，除了都市集中化使得都市房價有支撐外，房地產價格將受到壓抑；對此，不動產業者與持有多數房屋的投資人應謹慎注意。

[*2013* 女性人口超越男性]

↗ **台灣生男生多，還是生女生多？**

　　在農業社會的傳統觀念中，一直都強調「重男輕女」，因此男生多於女生應該是很正常的現象。如下圖，1981 至 2019 年生男生的比例比女生還多。或許有人會問，現在「重男輕女」的觀念比較淡化，生男生比較多的情況是否有改善？

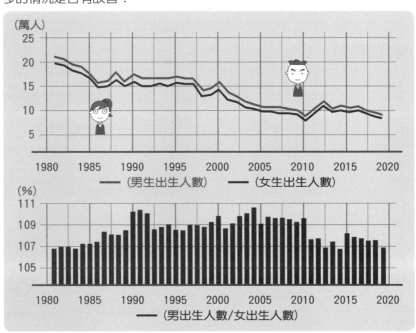

這時候可以計算「男出生／女出生」的比例，可以發現又與想像不太一樣，從 1981 至 2018 年間，生男生女的比例並未接近，都是在 107 至 111% 之間，其中尤其以 1990 至 1993 年、2000、2002 至 2004 年，生男生的比例較高。但到底原因是什麼？並沒有相關數據可以佐證，初步猜測應該還是傳統生男優先的觀念。

↗ 女性總人口數超過男性

依據相關統計，人類生男生女並非純然 1 比 1 的機率，人口學家認為新生兒正常的男女比約為 105，一般正常範圍則在 102 至 107 之間。高於或低於這個數字，背後則可能隱藏了環境、社會、醫療等因素；像是中國大陸在第六次人口普查中，發現人口性別比高達 118，也就是男女比率達到 118：100，比正常值 102 至 107 高出很多 [54]。

雖然生男大於生女，但總體人口的男性逐漸少於女性，之所以會生男比生女多，主要原因在於女性比男人長壽，加上男人比較容易因為工作、衛生習慣、生活習慣（如：好爭執、鬥毆）等因素死亡，通常承受較大的風險，所以整體人口的性別比多在 100 以下，越高齡、生活環境愈好的國家，因為高齡女性人口愈來愈多，所以性別比也愈低。

如下圖，男女總人口數原本一直是男性較多，但是在 2013 年女性總人口數開始超過男性，原因應該與近幾年來壽命延長，女性平均壽命比男性還要多 6 歲，所以兩者的總人數逐漸反轉拉開。

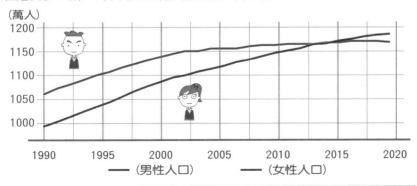

（萬人）

1990	1995	2000	2005	2010	2015	2020

—— （男性人口）　　　—— （女性人口）

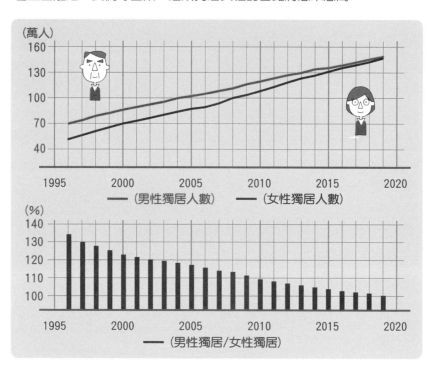 獨居人數增加

　　如下圖，1996 年，男女獨居戶數大約分別為 70 萬與 52 萬，2005 與 2009 年，男性與女性獨居戶分別突破 100 萬戶，到了 2019 年已經達到 149 萬戶與 146 萬戶，可以發現獨居戶數未來將以女性為主。

　　這是因為女型平均壽命較長，隨著女性也離開家庭、隻身在外工作，甚至因離婚、喪偶等因素，造成獨居女性的占比將愈來愈高。

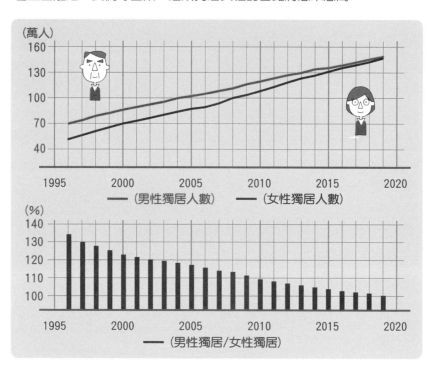

↗ 未來的商機

　　未來許多商品服務將以高齡者以及女性，尤其是高齡女性為主，譬如以女性為訴求對象的旅行團，商品朝向溫馨可愛的造型，商品的體積會比較小；此外，許多商品將會朝向獨居小戶為主，像是房地產 20 坪以下一房到兩房的住家為主，傢俱體積變小，按摩椅也變小，甚至於「按摩背墊」加上「腳部按摩器」都會取代按摩椅，方便拆解、搬遷且不占空間將會成為主流。

[*2014* 政府債務突破 6 兆元]

↗ 會賺錢，就可以亂花錢？

家中的財務狀況通常由父母負責，小孩子通常不會管有沒有錢，反正有吃有穿，可以出去玩，而且愈豪奢愈好，每個週末吃大餐，星期一吃瓦城、星期二吃鐵板燒、星期三吃晶華酒店下午茶……但是如果父母沒賺什麼錢，不想辦法省錢，只知道借錢來花，銀行借貸，又用信用卡借貸，甚至於向地下錢莊借貸，家庭財務就會逐漸惡化到不可收拾。

我們的政府正走上借錢亂花的這條路上，許多評論者基於關心國家的財政狀況做出警告 [55]，惟良藥苦口、忠言逆耳，我國的財政狀況並沒有因為這些警告聲音而導正，反而一意孤行、持續惡化，探討現在債台高築的成因繁多，但先撇開這些成因，必須瞭解整體政府的財務狀況的嚴重性為第一要務，才能有動機建立共識、找出問題、進行改善。

我通常都用上述例子與朋友描述國家財政狀況：

一位年輕人，年紀輕輕年收入就高達 200 萬元，但很會花錢，年支出 210 萬元。年輕人很有信心地說：「今年雖然收入不足支出：-10 萬元，但我很有信心明年會賺更多。」果然，這位年輕人隔年賺了 210 萬元，只是……支出也往上升變成了 220 萬元。每年都賺更多，每年也支出多更多，如果有一天，收入無法賺那麼多，但支出還是一樣多的話，那……會怎麼樣？

↗ 資本支出並非壞事

也許有人會說，債務不是壞事情，適度舉債來建設才可以作為未來發展的基礎。這一個觀念我舉雙手贊成，如同台積電（股票代號 2330）每年都有資本支出，龐大的資本支出與股票價格也呈現 +0.90 的正相關。

然而，不能因此就將政府支出正當化，因為我們可以看台積電的現金流量表，如右圖，營業活動現金流都大於投資活動現金流。簡單來說，我 1 年賺 200 萬，扣除生活開銷 100 萬，從結餘 100 萬中拿出 80 萬元來提升自我能力，偶爾可以超過這 100 萬元，但如果每年提升的金額都超過結餘的 100 萬元，從財務上來看是不健康的。

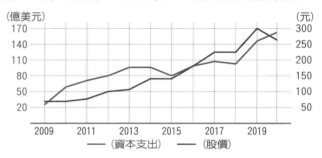

年度	稅後淨利	營業活動現金流	投資活動現金流	融資活動現金流
2009	892	1,600	-965	-855
2010	1,616	2,295	-2,021	-486
2011	1,342	2,476	-1,825	-679
2012	1,662	2,891	-2,732	-138
2013	1,881	3,474	-2,811	321
2014	2,639	4,215	-2,824	-323
2015	3,066	5,299	-2,172	-1,167
2016	3,342	5,398	-3,945	-1,578
2017	3,431	5,853	-3,362	-2,157
2018	3,511	5,740	-3,143	-2,451
2019	3,453	6,151	-4,588	-2,696

＊台積電歷年現金流量表（2009 至 2019 年）

其次,台積電的營業活動現金流也大於稅後淨利,這一點很重要。這是什麼意思呢?簡單來舉個例子,一家早餐店每個月帳面上賺 10,000 元,可是營業現金流只有 8,000 元,原因是很多客人都賒帳,這時候營業現金流就會小於稅後淨利,如果長久如此,對這一家公司就不是好事情。

為了未來的發展,借點錢、花點資本支出的投資,本來就是無可厚非。但借點錢的重點,在於未來能更賺了錢。果真這位賺錢高手愈賺愈多,但每次賺更多的時候,就花更多,雖然每次都只比賺的錢多花 10 萬,可是累積下來,加上利上滾利,「複利率」的威力很快就出現了。這時候真想要大喊一聲:「媽咪!我終於懂複利率的威力了。」

賺多花多,賺少還是花多。這位台灣先生根本就是賺錢兼花錢高手,不夠錢就借,每年因為借錢而不斷地累積債務,債務會愈堆疊愈高。有一天,這位台灣先生已經可以年賺 200 萬,只是負債攤開一看,天啊!已經 600 萬了。沒想到,台灣先生還沾沾自喜地說,這 600 萬分 10 年還,每年只要還 60 萬,我 1 年賺 200 萬,沒問題的!

請問,這位台灣先生的問題是什麼?

> ①賺的錢太少?
> ②借錢,但沒有效益……
> ③花太兇了,借錢 > 花錢
> ④其他……

↗ 國家負債:如同卡奴思考模式的政府

1996 年,我國各級政府債務約 1 兆 9,374 億元,但在長期不斷負債累積後,2014 年度則爆增到 6 兆 1,043 億元,成長了三倍,相對於歲入而言,也大概是三倍。感覺上我國政府好比是剛剛那位台灣先生一樣,具備「卡奴」應有的特徵,長期收入低於支出,只好不斷地借卡債來支應不足,久而久之,不必愈借愈多,但一定會愈滾愈多[56]。(請參見右上圖)

讓我們仔細看一下,中央與各級政府債務未償餘額,每年都不斷地攀高,2008 年金融海嘯發放消費券之後,債務的累積更加地嚴峻,即使

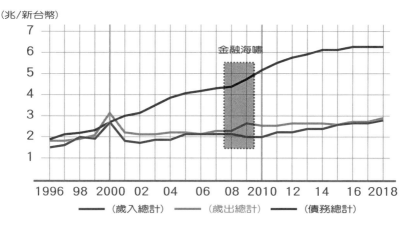

(兆/新台幣)

金融海嘯

1996　98　2000　02　04　06　08　2010　12　14　16　2018

━━ (歲入總計)　━━ (歲出總計)　━━ (債務總計)

歲出逐漸接近歲入，但債務攀高的趨勢仍未改變，如果不再大刀闊斧地解決，擁有卡奴性格的政府將讓全民萬劫不復。

↗ 結構因素使得入不敷出更形嚴重

有志之士應該努力思考一個問題，就是如何讓歲入歲出的差額轉正，才能使得債務能夠控制，甚至於逐年降低、調整體質，長期上才能讓國家財政結構變好。但是本書則持悲觀的態度，主要的原因在於人口結構正在往少子化、老年化快速前進。

少子化：稅收降低
老年化：支出增加
支出增加　　不平衡　　稅收減少

少子化必然導致未來綜所稅收入降低，是否未來要靠其他稅收增加，又或是其他稅收是否還有調升的空間，以目前看起來大概是跑不掉的有房屋稅、土地稅，以及還有空間調漲的消費稅，只是調升這些項目也會有負面效應的疑慮。

房屋稅、土地稅：逐步調升
消費稅：5% → 10%
平衡　　房屋稅 + 土地稅 消費稅

日本調升消費稅到 10%，政策上一直搖擺不定，因為有兩派不同主張，有認為提高消費稅會創造通貨膨脹，有一派則認為會反向變成通貨緊縮，而加稅就像是增加菸稅一樣（抽菸人口變少），會不會消費人口也變少，導致即便消費稅上調，想要增加國庫收入的目的卻無法達成 [57]？

回到上面提到的房屋稅、土地稅，就算想徵收這些稅也未必徵得到，像是全台許多土地、房屋無人繼承的現象有嚴重的趨勢，是否未來 10 年、20 年會逐步惡化，找不到繼承人或根本不想繼承，拋棄給政府，政府還要花錢整理、維護，又無法賣出去活化資產，導致資產稅的稅收減少，又增加維護費用的支出，也是值得觀察的議題 [58]。

↗ 復活節島的最後一棵樹又來了

我是法律人，也對國家債務發聲了很久，寫過許多簡單易懂的專欄文章，但狗吠火車，國家依舊我行我素。其實也不怪這些政客，因為人性如此，為了選票而推動了許多不必要的建設（蚊子館、前瞻計畫、直升機灑錢），也可能是不懂未來趨勢發展，所以設計錯了許多財政制度（退休制度沒有想到人可以愈活愈久，少子化問題那麼嚴重），只能說是演化的必然結果與選擇。

唯一偷笑的事情，債務占 GDP 比例，在全世界各國中排名算是前段班（174 筆資料的第 49 名），但不能因為排名不算太差而偷笑，因為要看惡化的程度，如果 GDP 反轉向下，分子變小，這個比例就會快速攀高。此外，我國政府幾乎全為內債，不會因為匯率變動而受到波動，這是堪稱欣慰的事情，但債務逐漸變高，絕對不是一件好事情 [59]。

匯率變動會造成外幣計價之債務，尤其是以美元為主的債務大幅膨脹，冰島、土耳其、阿根廷等國家都遭其害；然而並不是說只有內債，債務不會因為匯率波動而膨脹，債務就不可怕。雖然有認為學著德國在一次大戰戰敗後，因為要支付高額債務而大量印製鈔票兌換美元，卻也因

此導致貨幣嚴重貶值，以國內貨幣計價的債務馬上縮小。此一論點固然沒錯，只是通膨所導致的後遺症，尤其是人民帶著一紙袋的鈔票卻買不到一顆雞蛋的苦痛也是非常恐怖，必須謹慎為之。

因此，除了量入為出外，大刀闊斧地改善退休、勞保、健保制度，降低未來老人化社會暴增的支出，以維持稅收平衡，成為重要的課題。未來日子老人會更多，在選票的壓力下會愈難改革。現在不改，明天無法改，復活節島的最後一棵樹，將會在我們面前倒下。

[*2015* 不會消逝的匯率陷阱]

↗ 藏在人類內心最深層的「魔戒」

電影「魔戒」一直演了三集，才出現讓人鬆了一口氣的結局，魔戒終於被扔進了充滿灼熱岩漿的深谷中，然後亞拉岡與伊歐玟也結婚了，如同從小看過的童話故事，兩人從此過著幸福快樂的日子。

金色魔戒，與人腦互動之際，內外圈還會出現看不懂的文字，暗示著人類無盡的貪婪，即使身心耗盡，還是瘋了似地追求一枚戒指，連長相都嚴重變形，如劇中的咕嚕，頭頂只剩下幾根頭髮，還硬要勉強拉過地中海，暗喻著世界上充滿為了一個無意義目的而失心瘋的行為。

回到真實的世界中，還真的到處都是失心瘋的代表，「利益」正是人們眼中最難以拋棄，也是最常見的魔戒；為了賺錢，即便是 1997 年亞洲金融風暴餘悸猶存，但便宜的錢擺在眼前，還是拼命借貸、投資建設，泡沫總是一個又一個產生。

「權力」正是人們眼中最難以拋棄，也是最常見的魔戒。政治人物選上了總統、縣市長、立委、縣市議員，嚐到了權力帶來的頤指氣使、特殊便利性，甚至於資訊不平等賺到的超額報酬，就不想脫下這枚戒指。為了持續享受這些魔戒帶來的迷惑，如何讓人民願意下一次選舉中再次投票給自己，就成為任內最重要的目標；完全忘記政治人物真正的任務，應該是為人民創造長治久安，而非一時的幸福。

政客想著下一次選舉；政治家想著下一代未來。

↗ 低利率吸引借款

2015 年 12 月 16 日下午 2 點宣布，聯邦基金利率調高 0.25%，終結美國長達 7 年的接近零利率時代。（2020 年因 COVID-19 疫情而快速降息並實施無限 QE）

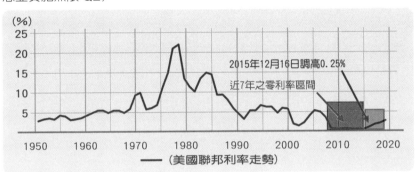

（美國聯邦利率走勢）

相較於美國 5% 以下的低利率，甚至於是近乎零利率（如上圖框框處），土耳其超過 5% 的利率顯然高出甚多（如下圖），也因此包括土耳其在內的許多新興國家、企業及投資人紛紛借了許多美元。

這些美元資金流進了巴西、印度、土耳其、東南亞等新興市場，炒熱了市場的走勢[60]。然後錢進了口袋，管不得未來要不要還錢，也沒有想到將會造成貨幣貶值而讓債務膨脹。反正現在一片榮景，正自傲著土耳其民族終於可以在世界舞台上揚名吐氣，根本沒能假設到衰敗的到來。

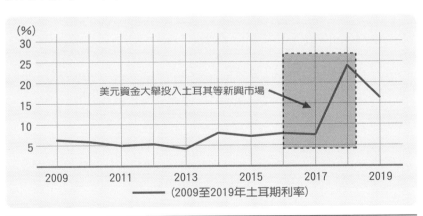

（2009至2019年土耳期利率）

↗ 美元升息，帶動資金撤離新興市場

如前所述，美國因為金融風暴採取降息策略，導致美國與一些國家的利率上的差異，許多國家借入美元資金只是當美國開始從 2014 年中討論升息之際，美元指數就開始往上爬升，從 80 元一路攀升到 100 元，上兆美元也跟著撤離出新興市場。

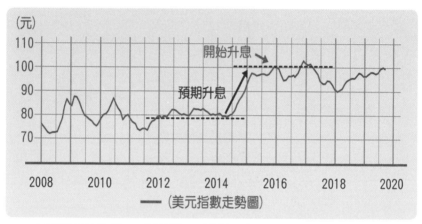

—（美元指數走勢圖）

土耳其里拉也從 2.1 貶值到 3，看似不大，但如果用新台幣思考的話，短短 1 年半的時間，匯率就從美元兌新台幣 1:30 變成 1:45，這樣子思考就非常驚人了。只是這一段貶值還不是最可怕，如下圖，2018 年更是驚悚的 1 年，從年初的接近 4，接著快速貶值，最高貶破 7。

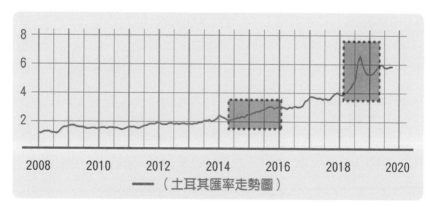

—（土耳其匯率走勢圖）

↗ 2018 年土耳其貨幣的崩盤

回顧這一段驚濤駭浪的 8 月。

2018 年 8 月 8 日，土耳其的里拉與美元兌換比率還有 5.27：1，突然之間，8 月 13 日當日貶值最慘來到了 7.08：1，足足貶值了 34%，如果用新台幣來比喻，大約是 1 美元換 30 元新台幣，突然 4 天後，變成 1 美元可以換 40 元新台幣；相較於 2015 年 12 月美國開始升息時，那時候還有 3:1，沒想到淪落到 7.08:1。

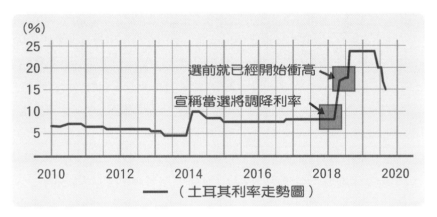

（土耳其利率走勢圖）

若我們把時序拉前到 2016 年 7 月，當時土耳其發生了一場政變，政變失敗收場；事後，土耳其總統 Tayyip Erdoga 採取了大規模的清洗運動，將黨政軍等政府要角，甚至於教育、學術界也含括在內，進行扣留、調查，或停職開除。其中有一位美國牧師布朗森，也遭指控涉及軍事政變，以叛亂罪名加以羈押；據報導美國總統川普不滿美國牧師被羈押，而且土耳其總統屢次在競選過程中咒罵川普，更在匯率驟貶之際，於 8 月 10 日宣布加徵土耳其鋼鋁產品的關稅，讓土耳其里拉資金快速流出，貶值幅度更是雪上加霜[61]。

探究土耳其匯率的崩潰，並不像是土耳其總統口中的國際陰謀，而是有其根本上的魔戒因素，也就是 2018 年 6 月 24 日的總統與國會選舉，

不讓選民開心就可能選不上，屆時沒了權勢的自己，只能承受遭自己打壓異己的無情撻伐。因此，選舉前我們看到土耳其數據上的一些變化，與讓人難以理解的「魔戒政策」：

1. 出口總值方面，2017 年 7 月至 2018 年 6 月間下降了 6.6%[62]；但是 2018 年 4 月、6 月出口值屢創佳績，或許與 6 月選舉來臨有關 [63]。

2. 土耳其股市於 2018 年 1 月 29 日來到 121,531 點的高點，一路下滑崩跌至 90,000 點，選舉即將到來，股市崩跌可不是好事，也因此總統揚言在 6 月大選勝出後會降息來刺激經濟 [64]。

即便土耳其於 2016 年發生政變之後，消費者物價指數長期高達 10% 以上，資金又外逃，外界預期央行應該升息來抑制通膨壓力、降低資金流出導致貨幣貶值的速度；然而為了選票，土耳其總統無視通貨膨脹的壓力，卻大聲說要選後降息，這也加速了資金外逃的速度，讓里拉貶值更形嚴重；川普加徵鋼鋁產品的關稅，頂多只是懸崖上補你一腳，責任還是在土耳其自己對於「權力魔戒」的依戀。

由於匯率貶值嚴重，對於外債不少的土耳其產生債務膨脹的壓力，2018 年 6 月 8 日利率利率就已經來到了 17.75%，同年 9 月 14 日的選後更提高到了 24%，總統所稱的調降利率、刺激經濟呢？在選上之後，面臨國際資金外逃的壓力下，過去提出的不合理政策已經成過眼雲煙的政策。

面對資金外逃的匯率壓力，又面對昔日美國盟友的踹一腳，臉面無光的總統 Tayyip Erdogan 只好推到國際陰謀論，呼籲民眾團結一致，強調純粹是西方陰謀造成了里拉暴跌，還誇張地呼籲民眾將手裡的歐元、美元和黃金換成里拉，宣稱「我們將會成為這場經濟戰的贏家」[65]。

你相信這種手指套著魔戒的總統滿嘴所說的鬼話嗎？（註：土耳其醫生希弗奇將總統埃爾多安的臉部表情拿來和《魔戒》角色咕嚕對比，結果被以「侮辱元首罪」起訴。[66]）

＊土耳其總統與魔戒人物之比較案（引自：Google 搜尋 tayyip erdogan gollum）

↗ 到處都是陷入匯率陷阱的國家

　　今日，與土耳其一樣的國家非常的多，包括已經慘到不知道怎麼形容的南美洲委內瑞拉、阿根廷，亞洲的印尼、印度，還有已經向 IMF 求救的巴基斯坦 [67]，1997 年的風暴，似乎又蠢蠢欲動 [68]。

　　一堆債務偏高的國家，雖然股市噴漲似乎充滿榮景，但卻有著匯率持續貶值的背景，貶值的匯率讓債務更加地膨脹而無法償還。你可以說這都是源起於萬惡美國的寬鬆貨幣政策，要不是量化寬鬆、降息像是開了水龍頭一樣，美元像是便宜的自來水一樣提供給民眾使用，這些國家也不會被誘惑去借了大筆的實質高利貸，但這些水可是要還的，等到還的時候卻是用礦泉水的價錢才能買回來，買不起就等著金融體系崩盤吧！

[*2016* 亞洲基礎設施投資銀行]

↗ 一帶一路的倡議

　　絲綢之路經濟帶和 21 世紀海上絲綢之路（The Silk Road Economic Belt and the 21st-century Maritime Silk Road），簡稱一帶一路（英語：The Belt and Road Initiative，縮寫 B&R）[69]，是中國大陸於 2013 年倡議並主導的跨國經濟帶，是由中國出資的重大基礎設施建設，如鐵路、公路、港口、水壩等，目的是加快中國商品流通到這些市場上的速度。

　　一帶一路，其範圍涵蓋歷史上絲綢之路和海上絲綢之路行經中國大陸、中亞、北亞和西亞、印度洋沿岸、地中海沿岸、南美洲、大西洋地區的國家。如右頁上圖，這些通道並不是傳統熱門的經商道路，現在比較遠的距離都搭乘飛機，海運也是通行主要港口，早年可能比較遠的道路是唐三藏西天取經、元朝一統歐亞大陸、十字軍東征等，才會經過這些我們腦袋中比較冷門的區域。

　　2014 年 10 月 24 日，中華人民共和國、印度、新加坡等 21 國在北京正式簽署《籌建亞投行備忘錄》。2015 年 3 月 12 日，英國率先報名加入亞投行的意向創始成員國。次日瑞士也提出申請意願，隨後，法國、義大利、德國等已開發國家也表態跟進。韓國、俄羅斯等域內國家和巴西也在申請截止日期 3 月 31 日前相繼申請加入意向創始成員國。2016 年 1 月 16 至 18 日，亞洲基礎設施投資銀行的開業儀式在北京舉行。

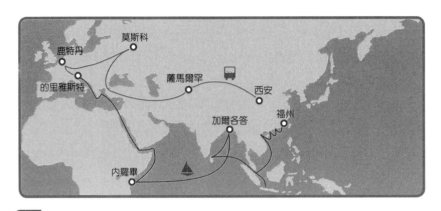

↗ 一帶一路是陷阱嗎？

　　經過地區所協助的國家都是比較少聽聞的弱勢國家，也出現很多吃了悶虧的案例，然後被中國大陸實質控制住，幾乎可以算是變成中國屬地。怎麼說呢？讓我們假設一項高速鐵路建設，銀行團借錢給 A 政府，A 政府拿到了錢開始招標，然後一堆建築、機電業者參與了高鐵的建設，蓋好了也拿到了錢。如此一來銀行團賺到了利息，政府有了一座高鐵，但欠了大筆債務，還要慢慢給付利息，建築、機電業者：賺到了承攬工資。

　　第一層次的剝皮，銀行團賺取利息，建築、機電業者也與銀行團是同一掛的，又把借出去的錢，以承攬的方式又賺了回來；如下圖，未來高鐵的維運費用還是要找這一團隊；沒錢沒關係，借錢給你，然後再找我的專業團隊幫你施工。

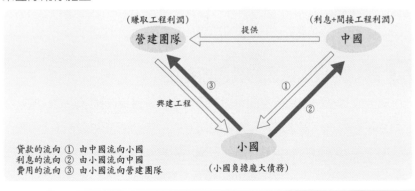

如果高鐵可以替政府帶來可觀的收益，那倒還沒有問題，問題在於如果只是沒有效益的投資，像是將高鐵延伸到屏東，結果搭乘的人數過少，賺不了錢又要如何償還大筆的債務呢？目前許多參與一帶一路建設的國家正深受其害。

斯里蘭卡自加入中國「一帶一路」後深受其害，積欠中國大陸逾 80億美元，蓋好了港口，如同台積電投入資本支出，如果沒有收入，這些借來的錢就無法償還，被高額利息拖垮；斯里蘭卡興建港口的收益太低，不足以償還貸款本金與利息，被迫交出漢班托塔港（Hambantota Port）99年的經營權，更嚴重者，甚至成為中國大陸的實質殖民地 [70]。

這或許只是少數失敗國家的案例，但這些案例似乎與便宜的美元有異曲同工之妙：

匯率陷阱債務	一帶一路陷阱
①新興國家從美國拿到了便宜的美元。 ②從事效益不大、無法創造收益的建設。 ③因為貨幣貶值，使得欠款膨脹。 ④無法償還而被債權人或 IMF 所控制。	①落後國家從亞洲基礎設施投資銀行取得資金。 ②興建無法創造收益的基礎建設。 ③原本經濟體質變差，借錢欠債後經濟體質變更差；且貨幣貶值導致欠款膨脹。 ④無法償還而成為中國大陸的實質殖民地，或交出基礎建設經營權。

↗ 踢到阿根廷鐵板的高固收基金

現代人也面臨各種債務陷阱中，很多金融業灌輸一些賺錢的妙招，說投資某某商品長期會賺錢，如果你心生猶豫，馬上補充說這些商品每個月都會發一些利息給你，成為財富自由觀念中最重要的現金流；如果你還是心生猶豫，業者加碼說每年都可以 **18%**。

　　有些人雖然看穿了這個高利陷阱，根本就是穿著合法糖衣的「馬多夫騙局」，心想只要領高利息 7、8 年，本金拿回來了，接著繼續領利息就是多賺的，至於後來加入的人是否能領到利息，就不關自己的事情；簡單來說，這種投資遊戲就是前面投資者吸食後面投資者的血，很多看似無辜的投資人也是不安好心。很多臉書社團、群組鼓吹這種投資，我覺得大家都要小心，因為你就是後面進來的新鮮血液。

　　如果心動了但沒有資金，沒關係，在資金氾濫的時代，借錢不愁借不到，只怕你不想借，其他金融業者還願意借一些低利率的資金給你，讓你去投資這些金融商品，賺取高額利潤。

　　聽起來都一切這麼美好，在這個過程中，銀行業長期賺取了貸款利率、開辦手續費、商品交易費用等，取得資金、購買了這些商品後，一開始確實很美好，每年都可以領到 18%，相較於定存的 1%，已經可以開始為退休生活打算。殊不知這種商品也有匯率風險，以及配「本金」當作利息的本金消逝風險；筆者的好友吳盛富就常撰文提醒投資人，可是又有誰能清醒呢 [71]？

　　可是抽取本金以支付這麼高的利息，這些基金難道不會倒嗎？這些基金公司通常有三大策略：

　　首先是從事高風險的標的：如同最近投資績效慘烈的基金經理人哈森泰博（Michael Hasenstab），人稱「白衣騎士」，專門投入高風險但不致違約的國家，賺取高額利潤，結果在 2019 年踢到阿根廷這個大鐵板，現在其所管理的富蘭克林坦伯頓全球債券基金（Templeton Global Bond Fund）撤出多數新興市場，現金、美日短期債券、日圓為王 [72]，基金淨值下跌慘重，許多投資人心中淌血、等待翻轉的那一天。

　　其次為維持本金的規模：持續吸引更多的後手繼續進來投資。所以在車站、公車車廂外圍看到一些高配息基金的廣告，只是仔細一看，底下都會有一段警語「本基金之配息來源可能為本金」。這一段警語讓我想起了前那斯達克主席，伯納馬多夫以高報酬率吸引

> 華爾街的達官貴人投資，但實際上是靠著不斷吸收而來的資金來支付先前承諾高到誇張的利息，由於長期付息都正常，一路行騙了20年，直到金融海嘯2008年始東窗事發；時至今日，美國政府還在想辦法從獲利者的手中追討一些金額，可以說是最大規模的「龐氏騙局」（又稱老鼠會）[73]。
>
> 最後則是倒了就算了：反正已經抽了那麼多的手續費，尤其是趁著股災的時候倒閉，就可以把責任推給別人了。

讓我們綜合思考一下，相較於前述「匯率陷阱債務」、「一帶一路陷阱」，甚至於「高息基金陷阱」，都會給你錢，並且讓你想要花錢，接著給你有陷阱的投資標的，最後讓你還不起錢來，或者是倒閉無法支付給你原本承諾的利潤。

高息基金陷阱
①個人從銀行拿到了便宜的資金。
②從事看似獲利龐大，但實質上問題重重的投資標的。
③因為基金投資標的高風險，或者根本是用自己的肉來創造高配息的假象，使得投資穩定度搖搖欲墜。
④發生重大事件而投資受損。

這一套路聽起來很簡單，大家看完之後很容易破解這些套路，但問題就在於大家還是會受騙，這就像是鬥牛看到了晃動的布就會傻傻地往前衝，有時候我還真懷疑這些牛是真的不懂還是假的不懂，明知鬥牛士在逗弄你，還是不斷地被逗弄。所以我們必須先承認自己是傻傻的牛，然後修正反應，不要再衝撞那一塊布，直接衝撞鬥牛士吧！

[*2017* 薪資平均數突破 50 萬]

↗ 統計數字的感受

> ◎ 青年所得創新高 35 歲以下年均所得 54.37 萬。[74]
> ◎ 賴清德：月收入 49,889 元創新高，台灣人一定會越來越好 。[75]

這些是我們常看到的新聞標題，第一則新聞內容依據行政院主計總處調查，2018 年所得收入者平均年所得 65.58 萬元，換算下來，平均每月收入高達近 5.5 萬元；如果只計算 35 歲以下的青年，則年所得降為 54.37 萬元，每個月也還有 4.5 萬元。

第二則新聞則是前行政院長賴清德細數政績，表示 2017 年勞工平均月薪達 49,989 元創下當時的歷史新高。通常看到這種新聞內容，網友就會開始抱怨，哪有那麼高？明明自己的薪水才 2 萬、3 萬而已，4.5 萬，甚至於是 5.5 萬是怎麼一回事，難道統計單位與平民小百姓住在不同的平行時空嗎？

↗ 行政院主計總處的薪情平台

每次政府公布薪資數字不斷攀高，可是明明自己的薪資條上數字根本沒有變化，甚至於東扣西扣、愈來愈少，難道是政府喜歡講幹話？或者是男人、女人平均一顆睪丸的概念？政府把我的薪資與郭台銘平均起來，導致我看起來的薪資數字遠大於實際水準？

很多人都有這樣子的疑惑，這一個疑惑確實源自於統計的結果，想瞭解您的薪資水準與全體受僱員工薪資的分布狀況嗎？可以連上行政院主計總處的薪情平台[76]。如右圖：在總薪資的選項中填入你的薪資資料，以及選擇你想要比較的對象：

個人薪情比比看

想了解您的薪資水準與**全體受僱員工薪資**的分布狀況嗎？

1.輸入您全年領的總薪資　　480,000　元

（平均每月約 40000 元）

2.您要比較的對象

請選擇　　　　　　　　　　　▼

確認送出

所謂「全年總薪資」係指廠商當年度支付給員工之工作報酬，包括各月經常性薪資（含本薪、按月津貼等）及非經常性薪資（年終獎金、年節獎金、員工酬勞、績效獎金及加班費等），不含個人其他來源所得或收入，例如股息、利息、兼職或租賃等所得，亦不含雇主負擔或提撥之保險費、退休 與資遣費等非薪資報酬。

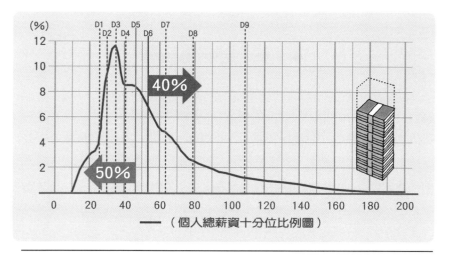

（個人總薪資十分位比例圖）

從前頁圖的顯示結果得知，一位全年總薪資 48 萬元的朋友大約比一半的人還要高，差不多接近薪資中位數，也就是一百個人依據薪資高低站一排，48 萬元的朋友大約就站在隊伍的中央。

↗ 10%：每月薪資必須達到 109 萬元以上

人中之龍，是大部分人的夢想，幻想自己坐在美國白宮總統辦公室中，臉上帶著川普那不懷好意的微笑，右手指著中情局長的鼻子破口大罵，左手手指也不閒著，敲著指揮官專屬的金屬色系的鍵盤，按下最大顆的紅色按鈕，一枚洲際飛彈就往 ISIS 恐怖分子的營區飛去。老媽一個巴掌，打醒了正在做白日夢的我。是的，美國總統只有一位，隔著太平洋距離這麼遠的我們，做個白日夢就好，可別太認真；回歸現實，至少我們還有很多切入點能夠攀上人生的頂峰，就像是「薪資」這件事情。

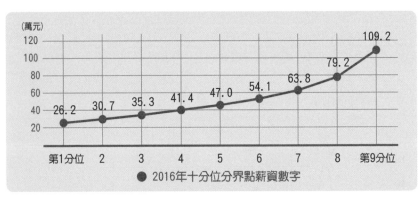

● 2016年十分位分界點薪資數字

依據最新公布的資料，若你的平均年薪資為 109 萬元以上，恭喜您，成為薪資水準前面的 10%，也就是 10 人中最會賺錢的那一位；如果沒有那麼大的雄心壯志，只想要成為前面的 30%，則就必須擁有 64 萬元以上的薪資 [77]。扣除掉年終、考績所得，大約每個月薪資 4.5 萬元就可以排入前面的 30%。

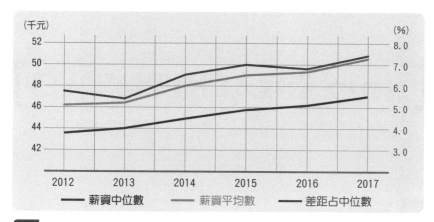

薪資中位數 　　　　薪資平均數 　　　　差距占中位數

↗ 薪資中位數的偏離

　　薪資平均數、薪資中位數雖然都一致走高，兩者差距數也拉大，尤其是從差距占中位數之比例從 5.75% 提高到 7.40%，但是卻明顯有偏離的現象。簡單來說，如果只看平均數，會誤以為平均薪資變高，但實際上卻是薪資高的人把平均值拉高，中位數的薪資成長幅度遠不如薪資高的人。

年度	薪資中位數 (千元)	薪資平均數 (千元)	平均數/中位數	差距	差距占中位數%
2012	43.6	46.1	105.75%	2.509	5.75%
2013	43.8	46.2	105.42%	2.374	5.42%
2014	44.9	47.8	106.53%	2.932	6.53%
2015	45.8	49.0	107.04%	3.224	7.04%
2016	46.1	49.3	106.87%	3.166	6.87%
2017	47.0	50.5	107.40%	3.480	7.40%
2018		52.4			

[*2017* 老年人口超過幼年人口]

↗ 龜有公園的活力

　　日本知名卡通「烏龍派出所」位於東京與千葉縣交界的「龜有」，有一次來到日本東京順便朝聖一下烏龍派出所，在龜有車站的北口與南口都有很多「烏龍派出所」的探訪景點可以探訪、拍照，還可以跟主角「兩津勘吉」合拍照片。

　　在街道中散步的過程中，還發現了遊樂器材很特殊的「龜有公園」，一個巨大圓弧形的溜滑梯，連成年人都感覺有點高、陡，一堆小朋友卻滑得不亦樂乎，充滿了新生命的喜悅與小朋友的活力。

QRCode： 龜 有 公 園

GoogleMaps

↗ 柳川船伕的職人老齡化

　　都市總是相對熱鬧，尤其是像龜有公園一樣，有小朋友的地方總是充滿無限活力；有時候我也會走訪比較偏遠的鄉村，像是 2019 年來到九州北部的柳川，一個以運河搭船聞名，有著「亞洲威尼斯」之稱的景點，距離博多大約 1 小時車程，當天船伕職人是一位上了年紀的阿伯，很認真，

從頭用日語解說到尾，還唱著當地的傳統小調，雖然都聽不太懂，但邊聽邊看著水底清晰可見的水草，沿岸古朽的老房子，聽著老船夫低沉的小調，也別有一番風味。

運河上有很多小橋非常的低，所以經過時，船伕、遊客都要低著頭，看網路上的一些資料，有些船伕趁著船鑽過橋下的時候，自己則是表演忍者輕功，一躍而上橋上頭，然後在船經過橋下的時候，又不費吹灰之力地從橋上跳到原本撐船的位置[78]。

只是我這艘船的船夫年紀真的有點大，歷經大約十餘座橋，都沒見他跳上橋頭，當然也可能是水比較淺，所以還沒有爬上橋的必要；雖然有點遺憾，這位阿伯年紀雖大，腰倒是很柔軟，因為橋底下無法撐篙，所以橋底下有繩子，必須拉動繩子讓船前行。

沿路上看到的船伕幾乎年紀都很大，代表這個地方的觀光業已經無法吸引年輕人駐居在此，因此只好靠著年事已高的老人繼續賣命演出。類似這種偏鄉景點非常多，每次總會感受到死氣沉沉的氣氛，少了都市中的熱鬧喧嘩以及年輕人帶來的活力氣氛。

↗ 老年人口壓過幼年人口

2017 年 2 月底，是一個重要的轉折點，我國戶籍登記人口為 2,354 萬 4,189 人；其中老年 (65 歲以上) 人口、幼年 (0-14 歲) 人口，以及工作年齡人口，分別如下圖表：

項目	人數	占比
幼年人口（0-14歲）	3,133,699	13.31%
工作年齡人口（15-64歲）	17,271,093	73.36%
老年人口（65歲以上）	3,139,397	13.33%
總計	23,544,189	100.00%

2017 年是指標性的一年，首次 65 歲以上的老年人超過 0-14 歲的幼

年人口，而且 15-64 歲的工作年齡人口也開始下滑，從 2015 年的 1,737 萬人高點已經開始反轉，快速跌破 1,700 萬，伴隨著少子化、老年化的因

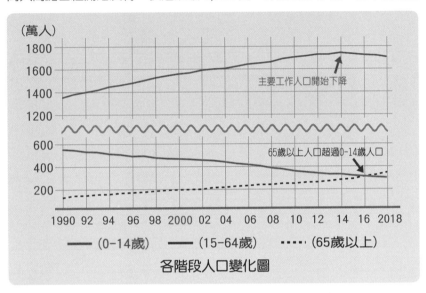

各階段人口變化圖

素，而逐步下滑。

接著，要介紹「人口老化指數」，其公式很簡單如下：

人口老化指數公式

$$老化指數 = \frac{老年人口(65歲以上)}{幼年人口(0-14歲)} \times 100\%$$

2017 年 2 月底平均每 100 位工作年齡人口扶養之老年人口數為 18.2 人（扶老比，較 96 年增加 4.0 人），首次超過扶養幼年人口數之 18.1 人（扶幼比，較 96 年減少 6.2 人），亦即「人口老化指數」首次大於 100，我國人口扶養結構轉變為以扶老為主，扶幼次之；換個角度來說，養老院的需求將更形重要、快速成長，而幼兒院的需求則持續下滑。

[*2018* 邁入高齡社會]

↗ 平均壽命 80 歲

一窮困家庭育有 1 子，年已 25 歲，當時人的性命並不長，男性通常 20 歲就該結婚生子。窮兒子苦無對象，於是上茅廁時在土牆上寫道：

「年方二十五，衣破無人補。」

父親如廁時也看到兒子模模糊糊的刻字，嘆了一聲，也追加一句：

「若要有人補，再過二十五。」

其子隔日又上茅廁一看，有點萬念俱灰，在土牆續刻上：

「人生七十古來稀，哪有五十才娶妻。」

貧窮父親無言以對，只好來個神話回應：

「彭祖年高八百二，五十還是小孩兒。」

　　以前人類大概活到 70 歲就不得了，所以各國退休制度大多將退休年齡設定在 65 歲，如果 65 歲退休，政府只要付出 5 年的退休金，想不到時至今日，隨著醫療與生活水準的提高，大家福大命長，平均年齡已經到 80 歲，未來更是接近 85 歲，甚至於更高，退休金至少要支付 15 年，財政面臨崩潰。

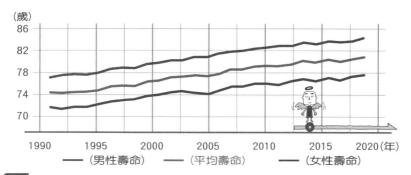

（歲）

86							
82							
78							
74							
70							

1990　　1995　　2000　　2005　　2010　　2015　　2020（年）

—（男性壽命）　　—（平均壽命）　　—（女性壽命）

↗ 走入高齡社會

在衡量一個國家老化程度，會依據 65 歲以上人口所占總人口之比率，目前分成三種等級：

① 高齡化社會：**7%**，我國於 1993 年達到。

② 高齡社會：**14%**，我國於 2018 年達到。

③ 超高齡社會：**20%**，我國預計於 2026 年達到。

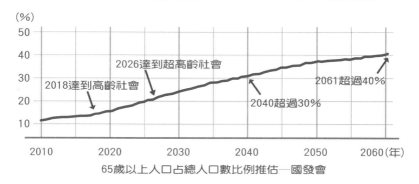

（%）

2018達到高齡社會

2026達到超高齡社會

2040超過30%

2061超過40%

2010　　2020　　2030　　2040　　2050　　2060（年）

65歲以上人口占總人口數比例推估—國發會

如果人口逐漸老化，65 歲以上人口逐漸超過 20%，甚至於在 2040 年超過 30%，2061 年超過 40%，公車、捷運的博愛座，從過去只有幾個藍色的位子，要改成只有幾個非藍色的位子。一上車，放眼望去都是搭車的老人，而且過去的敬老票也早已經取消，因為工作的年輕人未必比老人多，繳交的稅收不足，實在無力負擔各種敬老津貼。

↗ 「超高齡社會」速度世界第一

國家發展委員會於 2016 年推估，我國 1993 年起邁入高齡化社會（老年人口比率超過 7%），2018 年邁入高齡社會（老年人口比率超過 14%），預計 2026 年老年人口將超過 20%，進入超高齡社會。

雖然日本、義大利、德國早就已經邁入超高齡社會，但比較讓人驚訝的一點，我國花了 25 年才從「高齡化社會」轉變為「高齡社會」，但卻僅花了 8 年，就從「高齡社會」轉變為「超高齡社會」。參酌國發會資料如下：

國別	65歲以上人口所占比例到達年度（年）			轉變所需時間（年）	
	高齡化社會 （7%）	高齡社會 （14%）	超高齡社會 （20%）	7%~14%	14%~20%
中華民國	1993	2018	2026*	25*	8*
韓國	1999	2018	2026*	19*	8*
新加坡	1999	2019*	2026*	20*	7*
香港	1984	2013	2023*	29	10*
日本	1970	1994	2005	24	11
美國	1942	2013	2028*	71	15*
英國	1929	1976	2027*	47	51*
加拿大	1945	2010	2024*	65	14*
法國	1864	1991	2020*	127	29*
德國	1932	1972	2008	40	36
義大利	1927	1988	2007	61	19

主要國家高齡化轉變速度 ＊為預估值

蠻有趣的一點，韓國、新加坡、香港與我國速度差不多，也都在 2026 年達到「超高齡社會」，還比日本 11 年的速度還要快，是否當年亞洲四小龍為了拼經濟，衝高了物價水準，拉高了貧富差距，也讓下一代薪資遲滯不前，生活的壓力讓年輕人不敢生育。

　　然而最值得參考的國家還是日本，因為國情與我國最接近，且比我國提前 20 年達到，人口老化、變少之影響會比我國更嚴重；同樣排斥外來人口，欠缺外來移入人口，雖然人口上億但土地面積較大，使得人口密度只是我國的一半，因此日本如何面對超高齡社會的到來，值得我國借鏡。

⤴ 台灣社會高速老化的主因：第一團塊正邁向退休

　　為何我國人口老化速度會這麼快？

　　主要是「第一團塊」的世代正逐步來到 65 歲。

　　「第一團塊」，就是所謂的「戰後嬰兒潮」，打仗的男人紛紛歸國，生兒育女人數自然大增。民國 34 年，也就是西元 1945 年，第二次世界大戰雖然已經結束，但我國卻還在延續中，也就是國共內戰還打得如火如荼，因此我國「戰後嬰兒潮」比較晚出現，這個部分已經在本書一開始就談到，在此僅概略描述。

　　直到 38 年退守台灣，只剩下金門地區的小規模戰爭，像是單打雙不打，砲彈如下雨般落在金門這個小島上，砲彈多到金門菜刀成為現在知名餽贈伴手禮，時至今日政治經濟情勢逐漸穩定了下來；因此，我國戰後嬰兒潮的時間比較晚發生。

> ◎「第一團塊」的世代，可以從 1949 年開始，一直到 1965 年，其中 1955 到 1965 年，出生人口數幾乎都高達 40 萬人，是我國歷史上的第一次高峰。
> ◎「第二團塊」的世代，則為 1976 到 1982 年，出生人口數也幾乎都高達 40 萬人。

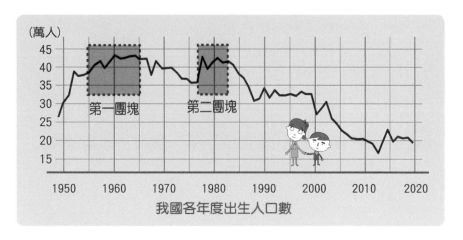

我國各年度出生人口數

第一團塊，上圖左邊第一個框框，到現在也都陸續跨入 65 歲門檻，搭配上近幾年來少子化的原因，這也是讓我國人口結構快速老化的主因。

一直要到 2047 年，「第二團塊」世代的尾聲，也就是 1982 年出生者來到了 65 歲之後，老化的情況才逐漸減緩。整整距離現在大約還有 30 年，我們必須要承擔快速轉變為老人化社會的嚴峻考驗。

如果從整體人數來看，在戰亂之後，資源雖然遭到破壞殆盡、活下來的人也不多，這些資源業已足以養育當時的人口，隨著情勢穩定，人口也在此一豐富資源的寶島上快速增加。有關當時的人口數，可以參考內政部出版的《內政百年回顧》一書，書中既有的資料如下[79]：

年度	人口	年度	人口	年度	人口
1946	6,090,860	1951	7,869,247	1956	9,390,381
1947	6,497,734	1952	8,128,374	1957	9,748,526
1948	6,807,601	1953	8,438,016	1958	10,091,928
1949	7,396,931	1954	8,749,151		
1950	7,554,399	1955	9,077,643		

1946 至 1958 年人口數變動表

　　如前表，1946 年才 609 萬人，1949 年因為退守台灣使得人口數快速增加，接近 740 萬人，1952 年業已來到了大約 813 萬人，1955 年已經突破 900 萬人，1958 年才正式突破了 1,000 萬人大關。當時人口少，資源非常豐富，以買房為例，隨便找些磚瓦圍起來，先暫時不管有沒有產權、是否合法，反正先占先贏，卡到了位子就是自己的家了；不像是現在空間少，要在都市找個棲身之處就困難許多。

　　曾經在 Youtube 看了一場探討「老鼠烏托邦」實驗的影片，這個實驗是提供老鼠群一個沒有天敵、無限食物吃到飽的環境，最後會有什麼結果呢？實驗結果發現，一開始大量繁殖，到了一定數量之後，老鼠找不到自己的價值與定位，或許是覺得人生沒什麼意義，就不再交配、宅宅、行為詭異、互相攻擊，有些老鼠還很愛漂亮，把自己的皮毛化妝成彩色，這個實驗到最後發現不再產出幼鼠，直到全部老鼠死亡為止。

　　「老鼠烏托邦」實驗的結果與今日人類社會有點相似，目前全世界人口總數已經快要 80 億人，當人口逐漸增多時，除了資源消耗迅速更快，氣候變遷、暖化速度都在惡化，人口過多導致個人找不到自我價值，許多成熟國家的生育率大幅度下降，宅男宅女一大堆，還有與充氣娃娃成婚，似乎「老鼠烏托邦」的實驗預告了人類的未來，**當一個社會無法讓成員對未來有所憧憬，人口過多無法有適合自己的角色，物種的未來可能就是走向滅絕**。

當生命不再有意義，人類有可能走向滅絕！

[2018 扭曲的奴工地獄]

↗ 從日本越南留學生吃實驗羊談起

過去 18 年來，由美國加州大學柏克萊分校的「柏克萊國家實驗室」，每年夏天都會從當地一家叫作「我們是羊」（Goats R Us）的公司租來一批羊擔任「自然除草機」，集體吃建築物外草地上的草[80]。日本偏鄉人口老化、勞動人力不夠，許多地方也採用這些羊來吃草，由於日本人相當守法，不會去侵擾這些吃草的羊隻。

2014 年 8 月，一起「越南人偷山羊」事件占據日本各大媒體版面，遭各方撻伐，嫌犯黎先生被迫寫下了一封道歉信，沒想到日本民眾看完這篇道歉信之後，輿論全面反轉，開始反思這些學生所遭受到的苦難。

原來這批名為研修生的外國留學生，也是抱著賺錢的日本夢，但因為種種扭曲的制度，讓他們拼死拼活也賺不到足夠生活的錢，累得半死的奴工世界，還必須偷食物才能生存下來[81]。西日本新聞社 2017 年所出版的《新移民時代》一書，探討留學生在日打工所產生的各種困境，以及背後源起與問題；我當時一邊看還一邊將這本書的心得分享給朋友，聽的朋友大多沒有興趣，沒想到 2018 年就在台灣發生實習奴工的事件。

首先是康寧大學所招收新南向政策的國際專班的斯里蘭卡學生爆發學生非法打工，被安排到屠宰場工作，學生受不了工作的辛苦，輾轉向立委求助，此一違法事件才正式爆發，主管機關也下重手處罰[82]。

接著又發生也是新南向政策的國際專班，這次則是印尼來醒吾科技大學念書的學生，同樣地因為沒錢跑去打工，雖然學校不斷強調沒有違法打工，都在法定 20 小時之內[83]。後來被爆料這些學生跑去新竹某公司實習，結果實習內容是貼標籤，不僅和所學無關，甚至遭要脅不願在這間公司工作就回印尼，學生憤而向立委投訴學校聯合公司欺負學生，事情才攤開在陽光下。

↗ 新南向政策下的扭曲成果

新南向政策中推動國際專班的實習生制度與日本研修生制度的概念類似，兩者都是希望與這些發展中國家進行技術移轉合作，增進兩國之間的交流。然而，當我們把這些透過學校來台灣實習的機制抽絲剝繭之後，卻發現說穿了不過就是全球化導致價格競爭，需要便宜勞動力，以及願意做辛苦危險的勞工減少所造成的勞動力不足現象，外加大專院校招不到學生的壓力背景下，我國打著新南向政策的旗幟，日本則以國際合作為掩護，所建造出來的奴工地獄。

這些來台學生經濟狀況都不佳，合理推論打工賺一些錢回家還是他們的主要目的，可是辛苦的工作環境讓這些學生充滿了委屈[84]，仲介提供的房間連一張書桌都沒有，連印尼政府都可能拒絕學生赴台參加「新南向專班」[85]，根本沒能達成當初新南向政策想要達到的成果。

為什麼推動國際友善合作為基礎的政策，會導致相關國家、學生的反彈？簡單來說就是「欺騙」。參考日本的現狀，日本資深媒體人野島剛在其著作《原來，這才是日本》一書中提到，實習制度不過是在日本勞動力不足的崗位上補充外國勞動者的手段，該制度原本的目的是增加「親近日本」的外國人，結果卻反向產生「反日」情緒的實習生。

↗ 為何要以實習生名義引進勞工？

一、排外心態

再進一步追究原因，日本工會組織擔心搶了國內勞動者的飯碗，再加上日本排外心態嚴重，不願意大幅度開放移民，使得各地勞工數量嚴重不足。台灣也有類似情況，對於產業外勞、社福外勞都有一些人數上的限制，擔心搶了本國勞工的飯碗，而且也有排外的心態。

二、實習生成本較低

此外，政府不斷提高勞工薪資標準，企業卻想降低成本、維持競爭力，與仲介、學校相互配合，順藤摸瓜地在新南向政策的掩護下，以求學實習之名，搭配一些就業服務法既有的打工機制，找到了廉價的勞工。

企業找到便宜勞工、仲介賺到了錢，學校也可以收到學費，依據「教育部補助技專校院辦理產學合作國際專班申請及審查作業要點」還可以拿到政府的補助。政府的補助？不要懷疑，新南向政策的龐大預算總要有執行項目吧！如果沒有項目可以執行預算，到時候新南向政策的績效可沒辦法表現出來，所以教育部的網站可是非常鼓勵相關學生來申辦這類型的「新南向國際專班」[86]。

難怪學校可以說得很好聽，某種條件下或一年級不收學費，因為政府為了要創造新南向政策的績效[87]，一些預算要有執行的項目，補助學校各項費用就是一個很好的理由，學校當然可以不收學費，因為有政府補助。

只是錢花了下去，功效呢？

企業也找到了便宜的勞工，學生可以學習、又可以打工賺錢，本來是政府、仲介、學校、企業、學生五贏的局面。可是問題就在於「假念書、真打工」的模式，讓學生先借錢來台灣，仲介再扒一層皮，企業用低薪資給學生打工，打工的錢還要繳學費，剩下的錢還要被扣租金、雜七雜八的扣一堆，剩下的根本沒錢可存，最後就是四贏一輸，學生是最大的輸家，台灣成為剝削勞工、惡名昭彰的國家。

　　學生當初來台想賺錢、順便念書的夢想快速破碎，當然就會有人逃跑，逃跑之後，少了一堆剝削，賺到的錢自然多了不少，現在第一年規定這些學生不能實習，打工只能 1 週 20 個小時，根本不夠生活，日本殺羊事件可能在台灣再次發生，還好台灣沒有日本吃草羊的制度。

↗ 奴工地獄的「因」尚未解決

　　①產業缺工及少子化導致學生數不足是「因」：只要這兩個根本問題沒有獲得有效解決，違法透過仲介招生以及「假留學、真打工」的變相發展事件就會層出不窮，無法根除，因為需求性仍然存在[88]。我們應該持開放的心，讓願意努力的勞工留在台灣，補足許多年輕年齡層的缺口。

　　②每一個環節都扭曲：政府需要新南向政策的績效、企業需要便宜的勞工、學校需要收學費與政府的補助維持營運、仲介需要賺一手、發展中國家的窮人需要來台灣賺錢，加上政策扭曲催生下，「奴工地獄」在台灣出現了。

　　③南向政策不要為了績效而扭曲：如果南向政策沒有績效壓力自然就沒有扭曲政策，不要亂補助來彰顯南向政策的績效，讓政府間接成為奴工制度的推手。

　　④提高勞工薪資以吸引國際勞工來台：我們正在與日本競爭搶勞工，應該給予勞工足以生活的薪資，努力就能存錢的生活環境，來增加國際間搶勞工的吸引力；外籍勞工的薪資提高，也可以在台灣有更多元的消費，一樣能促進國內經濟的繁華。

[*2019* 商圈沒落的趨勢]

↗ 墾丁、六合、大魯閣與文創夜市

先引用一段 2017 年的報導，墾丁國家公園境內景點總人數，相較 2017 年上半年同期的 344 萬多人，2018 年只有 211 萬多人，大減 132 萬多人，可說是雪崩式下跌[89]；加上墾丁大街消費金額偏高，住宿金額不低，在尋求下跌原因時就容易成為眾矢之的，長期引發民眾批評與討論。

一路北上來到了高雄六合夜市，因為工作、演講關係，時常來到六合夜市觀察，整體消費情況確實冷清許多，在陸客高峰期拍整條夜市大街，滿滿的都是人潮，夾雜著濃厚鄉音的對談，一堆人買了食物就坐在中間的桌子板凳上聊開了起來。時至今日，無論是平日還是假日，都可以高速滑滑板車，整個冷清的氣氛讓人不勝唏噓。

接著是台中的大魯閣時代廣場，來到了 11 層享用「藍象廷泰鍋」，繞了一圈，整個 11 層就只有兩家餐廳，感覺非常寬敞與氣魄，仔細一看還有幾個店面是關起來，鐵門上寫著「新櫃即將登場 Coming Soon 敬請期待」，只是不知道下一次登場是何年何月？

一路逛下去，並不會像是北部百貨公司有點擁擠，攤位不會太雜亂讓人有舒適的感覺，只是特色店家比較有限，與其他地區的 Shopping Mall 差別不大，一樣有 Uniqlo、無印良品、大創百貨、生活工場等，這些店家應該是以當地居民為主要客群，因為對於北部人的我，北部到處都是這

些店家，重複性太高，難以吸引我來找尋新鮮物品，一路搭著手扶梯，很快就到了 1 樓並離開回飯店，以準備隔日的演講。

回到了北部，2011 年氣魄登場的新莊輔大花園夜市，曾創下單日來客數 2 萬人的高人氣業績，號稱北台灣最大夜市，但隨著特色攤位有限，交通也不是那麼方便，人氣逐漸下滑，2018 年 5 月宣布暫時停業；另一個更短命的夜市則是位於板橋的「新北文創觀光夜市」，距離筆者家不遠，也去逛過幾次，因為吃的東西還是沒什麼特色，附近又已經有一個老夜市，隔年 2017 年 5 月也是慘淡落幕。

⬀ 七大元凶是真的元凶嗎？

遠見曾經發表一篇文章「七大元凶掀歇業海嘯台灣老闆高喊：不玩了」[90]，從接近 26 萬的瀏覽數來看，這一篇應該受到大家的認同。在滿是娃娃機、牆壁塗鴉的街頭中，似乎感受到實體店面的迅速衰退，不仔細感受，還以為這就是美國破產的底特律城。

整篇文章看完後，猛然也認同文章中的見解，但仔細一推敲，真的元凶是這些嗎？還是所謂的元凶只是外顯的現象呢？經過這幾天的思考，加上過去對於台灣各地、日本的實地考察，還有多年數據分析累積的經驗，筆者也列出幾點原因來進行比較，以下先將遠見該篇文章的七點原因列表，並附上筆者的一些看法，其中特別色的部分代表筆者有不同看法，請看次頁資料。

● 遠見文章所提原因與評析

項目	遠見	Dr.J
原因一	政策缺乏配套扼殺店家生機 政策導致陸客減少，雖然政府鼓勵其他地區旅客，但消費金額比不上陸客。	不應依賴陸客 陸客減少，但來台旅客仍有千萬，旅遊、休閒供給過剩應是主因[91]：不應該只依賴陸客，因為陸客未來的消費金額也會趨於理性而降低。
原因二	勞工意識過高，勞資關係緊張 勞工成本增加、慣員工過多。	勞動人口減少 部分產業因為毛利較低，會因為勞工成本提高而不易經營，但應該不是主因。筆者認為未來更大的問題則是勞動人口外移[92]（遠見文章的原因七）、年輕的勞動人口減少、長照人力需求極高，這些都是長期性隱憂[93]。
原因三	法律規範死板綑綁商家運作 與營利事業相關的消防、環保、教育、稅賦和融資法規，都和實際操作面不相容。	重要性雖高，但應該不是主因。
原因四	消費者太強勢網路霸凌店家	筆者認為不是主因。
原因五	租金行情失序店家任人宰割 租金卻常與零售景氣脫鉤，不管生意好不好，租金還是一直漲上去。	租金過高 筆者認同此一見解，辛苦半天都被房租吃光，賺不到錢：主要原因是人性貪婪，租金不願意控制在合理價位，反而是不斷調漲，直到倒店為止。
原因六	老店後繼無人，新店觀念淺碟	筆者認為不是主因。
原因七	常住人口減少電商取代實店 少子化，不只是讓學校經營不下去，也讓消費人口嚴重萎縮。扣掉龐大且極具消費實力的海外工作人口，台灣實際消費人口減少。電商的崛起、競爭通路或品牌的夾殺。	電商取代實體店面 常住人口減少，已經在原因二有所說明，尤其是赴海外工作人口2016年為72萬8千人[94]。 網路消費隨著大螢幕、高速上網的手機普及而逐漸形成新的消費習慣與生活型態，逐漸取代成本高的實體店面。

↗ **還有哪些原凶？**

筆者認為這篇文章蒐集資料廣泛，惟尚有一些深層的元凶沒有被挖掘出來，稍嫌可惜，筆者嘗試著用接龍的方式往下寫：

原因八：高房價使得消費能力降低

近期部分區域的房價雖有回跌，但只是從台北市每坪 150 萬跌到 100 萬，相較於以前的 40 萬元仍屬高檔。就算是便宜的新北、桃園，常見價位也是 25 萬起跳，這也是近年來 20 至 35 坪小宅當道的主因，想買位於新莊副都心重劃區的新大樓，35 坪加個車位大約也要 1,600 萬元上下，雖然貸款利率不高，但是每月攤還下來的金額，對於年輕雙薪夫妻來說還是相當沉重。如下圖，房價持續高檔，買了房子的朋友自然會縮衣節食，許多民眾在假日逛個街、買買衣服也收斂許多，休閒文化及教育消費的支出占比也在近年來逐漸下降 [95] 。

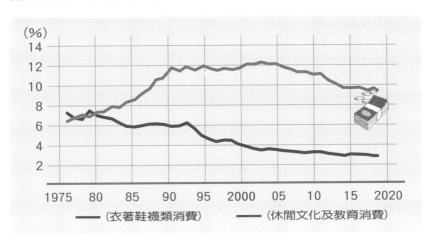

(衣著鞋襪類消費) ── (休閒文化及教育消費)

原因九：小島旅遊、同質性高、欠缺刺激性產品

小島觀光的同質性高，夜市賣的東西很雷同，大資本世代、連鎖企業興起，每個 Shopping Mall 都是差不多的店，手機、電腦等科技產品也已經有點無趣，逛街缺乏興奮感；於是乎近幾年來大家拼命往國外跑，至少

不同的語言、景色、文化衝擊都是新的刺激，依據交通部觀光局統計資料，國人出國人口從 2009 年的 814 萬人，2018 年已經達到 1,664 萬人；其中成長最大且占比最高的國家是日本，赴日人數從 2009 年的 111 萬人，2018 年已經達到 483 萬人（如下圖）。

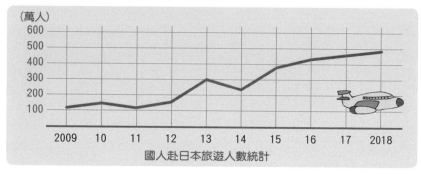

國人赴日本旅遊人數統計

原因十：消費人口逐漸變老

戰後嬰兒潮因為從困苦的環境中成長，比較節省守財，當這批占比極高的長輩逐漸邁向 65 歲以上，消費金額將逐步減少，尤其是人活得愈來愈久，為了避免老了沒錢，更加深不敢花錢的原因，尤其是近年來年金改革風潮，使得原本穩定的退休金變得不穩定，花錢更加地精打細算；此外，因為經濟發展的演變，許多資產主要集中在戰後嬰兒潮這一個世代中，若是這一個世代消費減少，自然影響整體市場消費。

原因十一：宅生活的形成

電影「一級玩家」中，描述著許多人的生活環境擁擠惡劣，於是透過虛擬實境進入另外一個遊戲世界，享受無盡寬廣的空間，有機會成為另外一個世界的霸主。

在捷運上常常看乘客認真地滑著手機，仔細一看發現很多都在玩線上遊戲，只要一張床、一張椅子，甚至於是坐在公園的一個小角落，加上快速的網路，提振精神的可樂或菸酒，就能夠渡過快樂的一天。這種生活消費金額不高，對於收入有限的年輕世代來說，是一項不錯的消費選擇。

　　此外，手機網路也是新的社交平台，當你跑到賣場去逛街，看到辣妹、帥哥不敢攀談，逛了半年的街還是交不到朋友。然而，在宅生活的世界中，只要進入遊戲平台、臉書就可以與許多好朋友聯繫，雖然不是實體接觸，但卻是更緊密的 24 小時無中斷聯繫，所以現在的購物商場的生意都不太好，必須透過特色餐廳吸引人潮，吃完了才順便逛街，改變過去逛街為主、順便用餐的型態。

　　2019 年更誇張的是宅還有更宅，Uber 在提供計程車載客服務之後，最近又推出送餐服務 (Uber Eats)，想要兼差賺錢的朋友可以加入，下班、假日幫一些抽不出身的上班族，或是不想出門的宅宅送餐，賺取一些跑腿費。這是一個主業很難賺錢的世代，當然不是說每一個人，但對大多數年輕人而言，主業薪水調漲可能是個難以達成的夢想，因此寄望於業外收益，下了班幫忙碌的上班族或宅宅送餐，賺取一些費用。

　　換言之，未來可能連餐廳也吸引不了宅宅族群走出門戶，因為電商、網路宅生活、送餐服務的崛起，業已改變許多人的消費型態，業者必須及早發現此一趨勢，並修正營運模式：

　　1. 電商為主：網路購物平台無法建置完成，就比較難生存下來。

　　2. 宅宅送餐服務：如何讓消費者透過訂餐平台找到自己的餐飲服務，並願意訂購之，而且送餐之後的品質快，口味也一樣好。

不管城市還是鄉村，只要訂餐，30 分內必定送達府上！

↗ 商圈沒落的解決思考點

我們該如何應對？以下提出幾點想法，供大家參考：

①同時具備交誼功能的學習或運動：舉辦理財講座，或者是 30 分鐘健身運動，分享理財知識、健身的同時，還可以橫向溝通與交流，例如彼此分享買了台積電、台肥的投資經驗、運動時幫忙撐住 60 磅重的啞鈴，都可以讓宅宅有意願走出門。

②當商圈沒落時，就應該避開商用不動產的投資，尤其是非主戰場的店面。

③依據地區性特色改變產品內容：像是日本就常推出京都限定、福岡限定的產品，或者是星巴克推出各地特色飲料杯、泡麵杯，對於消費者是非常吸引人的行銷手段。因此，一樣的產品一定要加上地區特色，說一些背景小故事，讓消費者融入情境，而不會怎麼逛街都是遇到那些連鎖大廠商、相似的產品。

④切記一窩蜂：少了創意自然一窩蜂，最近的夾娃娃店，使得許多地區感覺好像只剩下夾娃娃、餐廳，以及少數逛街的店；因此，如果一窩蜂投資在夾娃娃機，飯店、商場，一開始還有人潮，久了也是養蚊子而已。

⑤發展長照型的機器人或人工智能等科技服務，解決未來長照勞動人力缺乏的世代。

⑥人口依舊會往都市化集中，使得都市的房價、房租還是一大問題，因此透過發展「延伸副都心」，讓人口能夠有效分散，避免房地產支出過高，排擠其他項目的支出。

⑦專注老人產業，如何讓老人生活更便利、身體更健康、住得更舒服、醫療更有效，都將是未來世代的產業重心所在，例如提供適合老人的餐飲。

寫了這麼多，透過數據的分析，趨勢是可以預見，既然能預見就可以解決一些還能處理的問題，至於有些無法改變的趨勢，身為這一個世代的我們，也只是挺身咬牙、彼此互助地撐過去。

[2020 300萬戶面臨孤獨死危機]

👁 子女離開身邊的世代

陳老太太 65 歲退休後，為了遠離塵囂，賣掉了台北的房子，買了花蓮鄉下地區的小別墅，每天就在透天別墅前面的小空地種種野菜，倒也是非常的清閒；只是子女因為工作的關係，還在台北都會區上班，每個月頂多來探望自己一下，說真的還蠻無聊的，還好老伴還在，彼此間有個照應。某日清晨，依舊除草、施肥、澆澆水，突然頭一暈，倒在菜圃裡面，老伴剛好也來幫忙，看到這一幕趕緊攙扶到房間休息，心想還好老伴還在，不然沒人發現不就命不保。

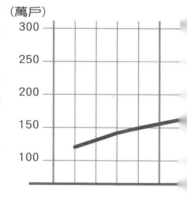

王老先生情況剛好相反，本來就住在鄉下務農，可是子女畢業後留在鄉下實在是沒什麼有發展的工作機會，於是紛紛往大都市移動；剛開始，子女還每天打個電話，現在大約 1 週才聯繫一次，不過久而久之倒也是習慣了。

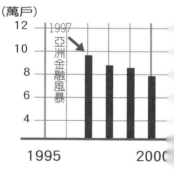

隨著年紀逐漸大了，老房子是三合院，大門還有很高的門檻，晚上在庭院乘涼後走進屋

內，一個恍神居然被熟悉的門檻給絆倒，就是那麼剛好頭撞到了客廳內的原木桌腳，一時之間暈了過去。過了好一陣子，才慢慢地清醒回來，想著這驚險的一幕，好在撞擊力道不大，所以還能清醒回來，如果沒能醒過來而走了，不是要等到小孩返家才能發現嗎？

👁 單獨生活戶突破 300 萬戶成長

所謂「單獨生活戶」，依據戶籍法施行細則的規定，指單獨居住一處所而獨立生活者。如下圖，2019 年，單獨生活戶為 2,939,297 戶，若以每年 2.2% 的成長速度，則 2020 年將會突破 300 萬戶，也就是說 2,300 萬人中有 300 萬人，高達約 13% 的民眾是獨居。

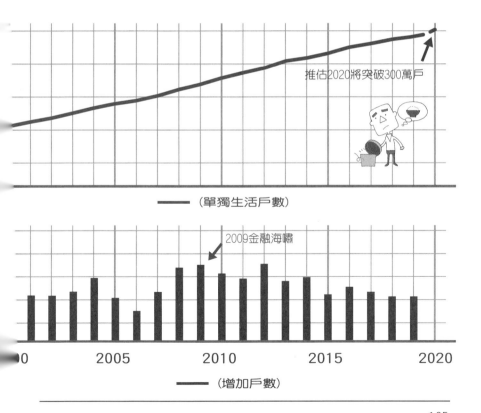

推估2020將突破300萬戶

—— （單獨生活戶數）

2009金融海嘯

2005　　2010　　2015　　2020

—— （增加戶數）

近幾年來房價上揚，勞工薪資成長幅度不佳，單獨生活數的增加戶數似乎與房價有關係，像是 1997 年亞洲金融風暴、2009 年金融海嘯都是增加數量比較高的年度。

人是群居生活的動物，透過彼此分工、照顧，可以避免各種生活風險，獨自一人居住不但無法分擔生活成本，像是前面所舉的陳老先生、王老太太的例子，當年輕人往都市移動，加上老人社會配偶可能較早離開人世等因素，都會面臨生活照顧上的風險。

如前頁圖，1997 年才 131 萬戶，然而每年穩定成長的結果，將快速達到 300 萬戶，不斷攀升的數字，無論是監督、管理、關懷，也都將成為未來政府必須面對的棘手問題。

👁 孤獨死的哀歌

日本以處理、清潔往生多日者的「特殊清掃」工作，這幾年的工作量不斷增長，原因在於「孤獨死」的案例逐漸增加；雖然這種清掃工作報酬豐厚約有 100 萬日圓，但工作內容卻很恐怖，因為往生者被發現後，往往已經離開人世多時，搬離後，「特殊清掃」工作者必須清潔業已發臭的環境，大多數的委託人，也就是往生者的親友都不太願意踏入極度惡臭的環境 [96]。

有一家公司還將曾經處理過的孤獨死房間製作成模型，孤獨死的當事人多是老人，但也有許多宅居的日本年輕人也有孤獨死的現象 [97]，貧窮是很重要的特徵，更因為許多是罹患慢性疾病，無法自理產生「垃圾屋」的現象。

或許有人會認為這是孤獨死的老人不愛乾淨所導致，但讓我們想想自己如果膝蓋不方便，又住在公寓四樓，聽到垃圾車的聲音，提著一袋子的垃圾卻趕不上垃圾車的無情離去；更慘的例子則是沒錢到早就沒繳水電費，連專用垃圾袋的錢都拿不出來，久而久之只好無奈地把垃圾堆在房間內，直到自己離開人世為止。

👁 避免孤獨死的策略

　　沒有人希望自己孤獨死去，被發現時還是因為臭味傳到隔壁。**各縣市政府必須要介入服務，例如針對獨居老人列冊，可以進行送餐、關懷等補充性、支持性之服務**，只是當獨居老人數增加到一定數量，有限的政府資源也難以完善照料，針對未來的狀況，提供下列建議：

一、老人住宅

　　將多餘的國中小教室改建為老人安養中心，將老人集中到一個區域，或者是民間業者興建專屬於銀髮族居住的老人住宅，只要老人能集中在特定區域內，社工人員不必一下子跑到東區巷道中的老公寓四樓探訪臥病在床的江老伯伯，接著馬上又驅車前往西區田間的荒廢老宅看看吳老太太多久沒有吃飯了，南來北往的舟車勞頓不但讓社工人員的流動率過高，一個下午可能才探視 2 到 3 位，效率非常的低，應該讓有限的長照資源發揮最大的效益。

　　只是未來 10 年、20 年，隨著「第一團塊」的世代逐漸 65 歲以上，膝蓋不行了，買菜不方便也不願煮餐，希望有人來照料，可是公家提供的便宜安養中心名額有限，必須要排隊多時才能進駐；可是民營安養中心、銀髮住宅價格卻多出至少兩三倍，「便宜擠不進、昂貴住不起」成為一種普遍現象，像是筆者母親之前居住過台北市興隆路的安養中心，排隊人數大概都超過 200 人以上，這已經是北部安養中心的普遍現象。

二、老人共居

　　「共居」可以減輕政府的負擔，例如十幾位老友共同居住在一個透天大樓中，透過老人彼此結盟、互相照料，如果 6 個人原本有六間房子，五間出租後，共同住進一間比較大且有電梯的住宅，不但能減少獨居人口人數，減輕生活成本，更得以減輕政府長照人力規劃的負擔 [98]；如果覺得合租、共購或合建，還要處理彼此間日後因個性不合鬧翻的問題，會更麻

煩，這時候也可以搬進前面提到的政府或私人的老人安養中心，或民營業者推出適合老人居住的銀髮住宅。

三、青銀共居

最近政府在推「青銀共居」，媒合在市中心擁有不動產的獨居老人，以及沒有很多錢租屋的學生或青年工作者，可以用低於市場行情的租金，甚至免費與老人共住在同一個屋簷下。理想的狀況是年輕人放學或下班後，可以看看老年人是否安好，彼此也可以聊聊天、共進晚餐，甚至於陪陪老人出去採買一些東西，提不動的物品，年輕人還可以幫忙提回家，垃圾車聲音到來時，腳程快、膝蓋好的年輕人可以負責清理垃圾[99]。

因為年輕人會往都市移動尋找工作，都市的老年人比例也高，不動產大多掌握在上一個世代的老人中，如果無法將年輕人導向衛星都市，通通都集中到都市核心區域，當然會造成都市核心區域房價高漲、生活品質變差；因此，青銀共居可以降低年輕人租金高漲的問題，也可以解決部分老人照料的問題。

四、科技輔助

無法住進安養中心者，則搭配科技監控，從電話、網路、有無迷路或醫療物聯網的規劃，讓遠在另一頭的社工可以隨時掌控獨居老人的心跳、血壓，有沒有吃藥，是否有跌倒、昏迷等現象。筆者長時間關注這方面的股票，像是發展醫療物聯網、老人照護監控機制，都是可以長期考慮投資的標的。

👁 一場與時間競賽的全馬

一、與便利商店合作

這些政策規劃、科技技術雖然已經起步多時，政策方向卻未必正確，像是政府提出「長照柑仔店」，想要學習綿密的便利商店，讓街頭巷尾都

可以服務老人，立意雖然良善，只是這樣子的規劃內容會耗費太多資金與資源，還不如與便利商店合作，提供長照產品專區，甚至於送藥、送餐的服務外包給便利商店，可行性會比較高。

二、修正入住安養中心的觀念

其次，不少人觀念中認為安養中心是丟臉的事情，未來需要政府持續製作吸引人的影片，改變老人不喜歡安養中心的看法。

三、科技源自於需要

最後，則是對於實在無法納入集體居住機制的老人，該如何利用科技解決大多數的照護問題。

如果少子化、鄉村崩潰化是一些必然的趨勢，砸大錢也難以扭轉這種趨勢，既然無法改變，那就用較低的成本來因應這即將來臨的獨居浪潮、老人世代。凡此種種，需要建構的長照機制繁多，是一場與時間賽跑的全馬競賽，在有限政府預算下，利用現有廢棄學校改建、蚊子館，都可以省下不少的經費。

[2022 總人口的死亡交叉]

👁 人口增加數逐年降低

讓我們先來看一張圖——我國的總人口增加數。

下圖代表著 1995 至 2019 年，每一年與去年總人口數的變化，即便是 2010 年的小老虎年，都還有增加 42,351 人，但 2019 年僅剩下了 14,189 人，實在讓人驚訝，2020 年 1 月很可能是人口反轉的開始。

人口減少是否不利？也未必，對於資源有限的台灣，盲目的增加人口總數反而是壞事，從經濟發展的角度來看，人口結構均衡會比人口數量增減還要重要。因此，我們要探究人口變動的因素，人口總數的計算主要有下列四種數據：

人口變化的因素		
自然增加數	出生	死亡
社會增加數	遷入	遷出

＊人口變化因素表

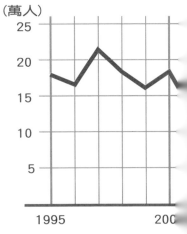

我國社會增加，也就是遷入、遷出數逐年遞減，影響不會太大，主要還是比較出生人口與死亡人口，如下圖，兩者已經相當接近，可預期的一件事情，這 1、2 年死亡人數就會超過出生人數，呈現人口轉折的死亡交叉，請參考右上圖：

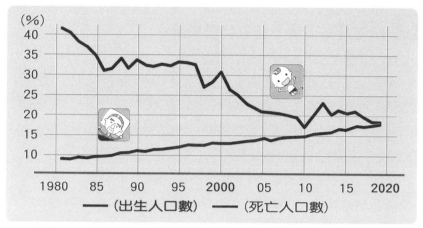

(出生人口數)　——（死亡人口數）

常常問學生一個簡單的問題：「我國死亡率是上升還是下降？」

一般回答的都是下降，主要原因是大家認為醫療進步，死亡率當然會下降。這種思考方向並非不對，但結果卻是錯的；因為人的壽命還無法長生不老，目前大概 85 歲左右就成長緩慢，所以當人口結構老化，粗死亡率必將會節節高升（有關死亡率與死亡人數的問題，可以參考本書 2044 年的章節），除非醫療、基因技術有重大突破，否則人類壽命有其上限，死亡率也必然上升；此外，未來戰後嬰兒潮（第一團塊：1950 至 1965 年）死亡人數預計在 2030 至 2045 年增加，死亡率還會再行攀高。

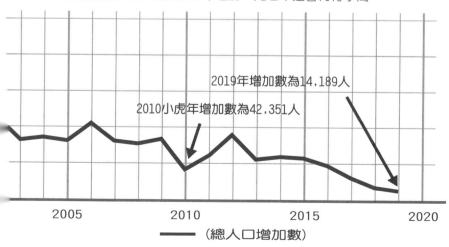

2019年增加數為14,189人

2010小虎年增加數為42,351人

——（總人口增加數）

👁 總生育率下滑，發生什麼事情？

增加出生人口數，是否能解決問題呢？

粗出生率逐步下滑，只要大家願意生就可以改變出生人口。聽起來很簡單，2019 年已經降為 17.7 萬人，這麼低的出生人口，並非因為遇到小老虎年；17.7 萬人已經接近 2010 年，也是小老虎年當年的出生人口 16.7 萬人，怎麼會下滑這麼嚴重呢？

前行政院長林全表示少子化的原因有四：低薪、高房價、小孩托育問題及小孩教育問題。低薪跟高房價造成年輕人經濟負擔太大而晚婚，很多人到了 30 幾歲才結婚，等到 35 歲過後生育的意願自然就降低了，甚至高齡產婦也打消了許多生育的念頭[100]。

假設政府官員所言為真，民眾是因為沒錢所以不生小孩，那麼只要政府願意花錢，例如將最低基本工資調高到 3 萬、房價打壓下來，或是幫忙照顧小孩，是否就能夠解決這些困境呢？近幾年來政府的思維似乎也是以灑錢的模式來解決，如南投縣政府整合民政、社福及教育等政策，提出「提高生育獎勵金」、「開辦 0 至 2 歲托嬰中心」及「引進 NGO 組織資源興辦非營利幼兒園」等三大利多措施[101]。

低薪、高房價、小孩托育問題等是否是少子化的真正原因，或者只是表象呢？如果只是表象，如同士兵中了毒箭，深入肩頭上的骨頭，卻只是把肉體外的箭身砍除，卻不挖開皮肉，學關公來場刮骨療傷之戲，還是無法解決問題啊！

👁 產業結構與傳宗接代觀念的改變

先來談談產業結構。

在過去的農業社會強調家庭人力，農業時代的大家庭可是有很多粗重的工作要完成，男性人力有其價值，而且幼兒死亡率較高，教育成本並不高，多生幾個成為常態；時至今日，工作型態早已改變，農業縣市沒啥可

以餬口的工作，年輕人跑到工業區、科學園區或都市找工作，大家庭也逐漸變成小家庭[102]，參照下圖，每戶人數從 1991 年的 3.94 人，一直到 2019 年，只剩下 2.67 人，而且從日本經驗來看，還會持續下滑。

　　隨著家庭結構的縮小，「傳宗接代」的歷史包袱業已式微，個人主義至上、兩性平等落實[103]。早年只要看到有「七仙女」，就可以推知這

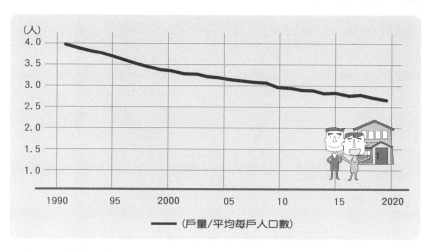

━━ (戶量/平均每戶人口數)

家人致力於傳宗接代，一定要生到兒子為止，如果真的生不出個子，媳婦可是會被歧視，甚至於被迫容忍老公納妾；時至今日，生男生女一樣好，子女遠赴他鄉工作，遠離家族的羈絆，聽不到每天有人碎碎念，家族的影響力大減，已經很少有人還抱持著老一輩傳宗接代的概念，如果為了生個兒子的理由而納妾，恐怕只是為了一逞獸慾。

👁 萬般皆下品，唯有讀書高

　　讓我們回到二次世界大戰之後，世界各國有所謂的戰後嬰兒潮，也都一樣隨著農業社會轉換成工商業社會，社會結構劇變，少子化成了一種趨勢，傳宗接代的觀念逐漸消逝，但有一個東西不變，就是「萬般皆下品、唯有讀書高」。

　　能念大學就不要只念高中，可以撈個碩士就不要只有學士畢業，可以有個博士，碩士真的不算什麼，最好還是個洋墨水的，否則即使是本土最頂尖的台灣大學畢業，找個教職還是會被歧視。

　　1986年，大專院校（大學、獨立學院、五專）從105所開始爬升（如下圖灰線），2000年來到150所。其中的組成結構，五專逐漸改制，升格為大學或獨立學院，使得大學與獨立學院快速增加（如下圖色框），從1986年的28所，2000年來到127所，尤其是1995至2000年的成長幅度最為迅速。

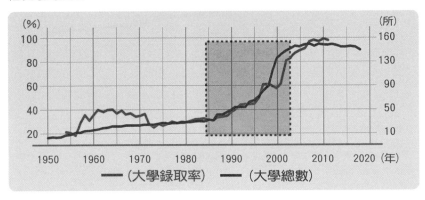

　　從大學錄取率來看，1986年的30.66%，2000年來到57.7%，2002年更是暴增到80.41%，呈現暴增的現象；今日，只要你有錢，巴不得你入學，就算有考試也是考個樣子而已。（參照上圖）

　　讓我們把時間再往前推一點，1950年的大學、獨立學院，也不過才4所。當時有一位吳祥輝先生，1974年畢業於建國中學，因反對大學聯考制度所造成的教育扭曲，拒絕參加大學聯考，隔年自傳體小說《拒絕聯考的小子》出版，轟動全台，其出版背景在男性勞動參與率極高，外面工作機會隨著經濟發展而變多，不念書還是有機會。

　　大戰後的戰後嬰兒潮，大學不夠，大學錄取率低，所以年紀輕輕地就跑去工作，參考右頁上圖女性20至24歲勞動參與率，可以發現勞動參與率在1987年之後隨著大專院校數量增加而逐漸下滑，代表著女性進入

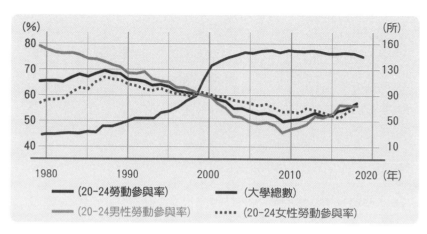

(20-24勞動參與率)　(大學總數)
(20-24男性勞動參與率)　**** (20-24女性勞動參與率)

社會的時間變晚，更連帶著成家立業、結婚與生子的時間也往後拖[104]，再加上對於未婚生子的排斥，沒有結婚就不太願意生子。

讓我們來比較一下 1951 年（總生育率 7.04）、1984 年（總生育率 2.055）、2018 年（總生育率 1.060），不同年齡別的生育率[105]。

從下圖中，可以發現農業時代的台灣，生育主力在 25 至 29 歲，即使到了 45 至 49 歲還是拼命生；1984 年代，也是集中在 25 至 29 歲前後，但超過 40 歲就幾乎不太生了；2018 年，則發現生育主力延後至 30 至 34 歲，24 歲以下的區間降幅非常驚人，超過 40 歲也是幾乎不太生。

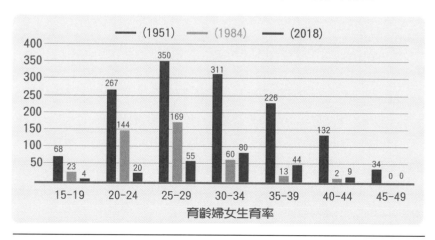

育齡婦女生育率

綜上，我們可以做出幾個結論：

①進入職場時間延後，買房、結婚、生子所需費用必須晚幾年才能
籌足，因此晚生成爲趨勢。
②女性生育年齡也是有其限度，從 1951 年代 15 到 49 歲七個區間
都在生，演變成 15 到 39 歲的五個區間。
③ 1984、2018 年雖然都是 5 個區間，但 2018 年生育區間年齡往後
延，年紀愈大顧慮愈多、思考愈周延，自然而然就少生了。

👁 勞動市場的改變

整體勞動參與率大約是接近 60%，如果單看下圖深藍色的線會誤以
爲變化不大。可是我們用年齡來區分，會發現 15 至 19 歲、20 至 24 歲
勞動參與率也大幅度下降，主要原因是高中、大學、研究所的人數大增。

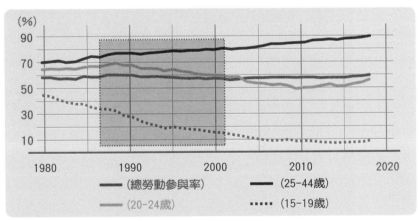

20-24 歲勞動參與率從 1986 年的 68.27% 下滑至 2000 年 59.41%，
主要應該是大學、研究所的人數增加（如前頁淺藍線）。

15 至 19 歲的勞動參與率，從 33.53% 降至 15.14%，代表國中畢業，
拾起一個包包遠赴都市闖蕩的故事大幅度減少。不過也由於女性地位的提
升，25 至 44 歲的女性勞動參與率大幅度攀高（男性微幅降低），使得整
體勞動參與率呈現微幅走高趨勢。

　　換言之，若是只看各年齡層的整體勞動參與率（黑色線），會覺得我國勞動參與率似乎都沒有變化，但細看各年齡層的變化，會發現下列兩個現象：

> ① 15 至 24 歲的勞動參與率下滑，與廣設大學有關係，背景是過度重視學歷的結果，說好聽一點是政府重視教育水平的提升。
> ② 畢業後 25 至 44 歲的勞參率大幅度上升，應該與女性勞動參與率上升有關係，女性意識高張，不再只是扮演相夫教子的角色。

　　對於父母都要工作養家餬口，如果能夠上班還能托育，工作自然不成問題，可是企業提供育兒環境者不足，整體社會支援有限，工作與照顧家庭變成二選一的問題；搭配我國代工產業發達，屬於低毛利率的產業，企業想方設法降低成本，使得低薪、實質責任制、上下班時間不穩定等極為普遍。

　　再加上工作機會大多位於都會區，好的工作集中在六都與新竹縣市，老一輩的多留在家鄉，原本家庭可以提供的家庭支援功能也大幅度降低，都是讓生育這件事情裹足不前的因素。請參考初婚結婚、第一胎年齡通通延後，如下圖：

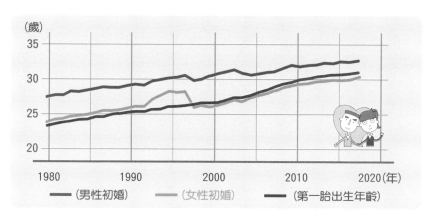

| ── （男性初婚） | ── （女性初婚） | ── （第一胎出生年齡） |

👁 壓力大、時間少、宅宅人生

生小孩固然是一件喜悦的事情，但也代表多了一筆支出，對於平均薪資不高的新世代而言，養育一個孩子，從出生到大學畢業至少要準備 500 萬元，可是不小的經濟壓力。

如果採精緻培育法，公立變私立、本土變洋墨水、放生變才藝班，更是 1,000 萬元起跳，這對受薪階級來說，是相當沉重的負擔。即便是貴為央行總裁彭淮南先生，把大部分的薪水用在栽培兒子，任內 20 年，致使存款僅增加 373 萬元，廉潔名聲非浪得虛名 [106]；彭淮南先生年收大約 300 萬元，都過得這麼辛苦，更何況是一般老百姓。

工時過長、實質責任制，有些工作更使得工作時間不穩定，夫妻間的親密時間降低，就算有時間，虛擬空間、線上遊戲、臉書按讚所花費的時間又過多，科技使得人們關係更形緊密，但卻少了實質上的接觸，如同電影「一級玩家」的結論，大多數人過度沉迷於虛擬世界，電影劇情的最後，當男主角搶到了彩蛋，掌握了虛擬線上遊戲「綠洲」的控制權之後，規定遊戲每週停止 2 天，讓人們好好享受敦倫之樂。

👁 少子化未必是壞事

少子化的議題可以找到非常多的討論，獲得一個表面的回答很簡單，沒錢那就給錢，沒人照顧就廣設托兒所，但真的能解決少子化的問題嗎？在千頭萬緒中，還是應該先從源頭著手，如果年輕人沒有生育動機，政府推出再多的生育津貼都是空談。

一、改變思維：打破高學歷就是成功的表現。

兩性平等、脫離農業結構、高學歷等因素，導致晚婚、不婚的結果，在兩性平等與脫離農業結構的今日，恐怕是不可逆的結果；比較可以改變的一點，就是降低高學歷的迷思，打破高學歷、好工作、高收入、成功勝利組的關聯性迷思。人生的成功應該源自於多重因素的評價，像是與家人

聊天、打球的時間來決定人生是否成功，而非單單比較薪資的多寡，避免讓最佳生育年齡因為不必要的學歷而不斷延後。

政府追求的目標不應該再是以經濟成長率為指標，而應該是生活幸福感、最宜居等指標，像是全球最大旅外人士網站 InterNations 評選 2017 世界最適合工作、生活的國家排名出爐，台灣名列第 4；英國媒體 BUSINESS INSIDER 調查世界最宜居國家，台灣因健全的醫療制度與可負擔的消費水平，位列榜首 [107]。如果覺得這些都不夠格，聯合國 2018 年世界幸福報告，台灣排名世界最快樂國家第 26 名 [108]。

經濟只是人類生活的一環，別把經濟成長指標當成了人民生活的目標，久而久之，一切都會失靈，勞工不敢請育嬰假、工時過長，實質責任制的生活，成為名符其實的長工，試問古早時代的長工有權利生兒育女嗎？生而為人，政府、企業主、勞工可別忘了快快樂樂地繁衍下一代、享受親子生活，遠比賺錢還要重要。

二、改變未婚生子的歧視，離婚者再重新找到第二春。

三、把資源放在鼓勵與補助很想生、卻生不出的夫妻

例如補助高額人工受孕費用。

四、搭配勞動政策讓工作時間更彈性化

致力於減少人們科技沉迷的程度，尤其是重新思考我們是否需要支持電競產業 [109]？

五、政府應主導風潮與創造情境

簡單的演講都要在講台上擺一大盆鮮花，既無意義又浪費，連講者的頭可能都會被花遮住。回想起蔣經國時代為了避免鋪張浪費所推行「梅花餐」，鼓吹節儉風氣，讓整個政治清明度大幅提升；因此，上行下效，政府必須主導風氣的形成，不要再鼓吹念書至上，並創造情境，拍一些生兒育女的美滿生活情境廣告，改變不想生兒育女的思維。

六、少子化未必是壞事

當全世界人口還在往百億邁進，台灣這一片土地已經跟著日本的腳步，優先走向老人化、少子化的世界，這幾年更會出現總人口反轉的死亡交叉點。當政府積極地想要鼓勵大家多生，筆者悲觀地表示以目前的各種經濟、生活習慣等條件來看，多生是一種高難度的挑戰。

既然如此，筆者提出一個反向思考，也就是人口減少對於環境也算是一種正面貢獻，或許整個過程會很辛苦，老人沒人照顧、企業缺工、學校倒閉潮、流浪教師、年金被砍等議題不斷浮現，且讓我們忍一下，平平靜靜地渡過這 50 年，塵歸塵、土歸土，讓後代子孫能夠繼續享有這一片美好的土地與豐碩的資源。

七、開發副核心居住區

六都的核心都應該有副核心的概念，交通便利可以讓人口不要一直往核心集中，一直往核心移動會使得房價、租金不斷攀高。像是桃園高鐵站，一站到板橋 13 分鐘，距離快要 40 公里，比土城看守所到板橋站才 4 公里，居然要花 16 分鐘還要快。桃園高鐵站附近的房價大約是 20 至 30 萬之間，比板橋、土城重劃區的房價大約 40 至 60 萬之間，還要便宜一半，省下的房屋價差可以有更寬廣的空間，也可以留下更多的金錢讓自己過更好的生活。

[2022 實際退休年齡逐年增加]

👁 推著載滿回收物的阿婆

有一次在新北市知名的南雅夜市入口處外頭的馬路上，滿滿的一堆人正準備過馬路去夜市享用美食，這時看到一輛手推車載滿難以想像大量的回收物，左搖右晃地在車水馬龍中緩慢前移；推著、推著，因重心太高居然在馬路中間翻倒，看到不知如何是好的阿婆，我馬上把汽車停妥，上前幫忙；加上一位熱心的路人，我們就在危險的馬路上，大家一同幫阿婆撿拾回收物，在有點難聞的廢棄物中，勉強用繩索重新定位、綑牢，快要20分鐘之後，才終於目送阿婆離去，默默地祝福她平安。

由於住家附近有個回收場，路上遇到載滿回收物的推車，因為堆太高、重心不穩而翻倒的例子還真不少，我遇到就會下車幫忙一下；人的心是肉做的，遇到了還真是讓人於心不忍，但其實能幫助的也不多，看到愈來愈多的阿婆忙著推車前進，心裡想著為何7、80歲的老人還要在這樣子的底層生活中掙扎？我也會面臨到這樣子的困境嗎？

👁 50歲，輕鬆退休享受人生

「你想要幾歲退休？」

最常聽到網友回答「40歲」、「45歲」。

「這麼早就要退休了嗎？」

這種退休年齡的數字也算正常，沒有人喜歡每天朝九晚五的工作，只為了賺取微薄的薪水來讓自己圖個溫飽，因此希望財富自由，趕緊離開這讓人身心俱疲的工作環境。

通常在討論這個問題的時候，很多人會跟著搭個一句兩句的話，諸如「教授一定是想要退休了」、「教授已經可以退休了」。我也是正常人，當然很想要退休，每天都有人在胸前幫我掛上一串餅，只要低頭就能吃到餅，還有許多婢女幫我剝完葡萄，拿到嘴邊吃，女僕還會伸手接下我吐出的仔。

要如何才能安心渡過這種皇帝般的人生，只要符合下列三個要件：

①資產夠大
②收入＞支出
③每年資產都有一些增長

如果符合這三個要件，當然會考慮離開現在的職位，最好是 50 歲退休，然後開始做一些自己想要做的事情，追求自己年輕時未能實現的夢想，重新創造一個嶄新的「第二人生」，就我個人而言，上述標準達成情況如下表：

重要性	標準	我的狀況
第一順位	資產夠大	尚未達到 5,000 萬元
第二順位	收入＞支出	目前有達成，但如果退休沒能領到退休金，可能就會收入＜支出
第三順位	每年資產都有一些成長	目前有達成，目前資產都有一些成長，正在計畫該如何在退休且無退休金的情況維持收入＞支出，讓每年資產都能持續成長

如次頁圖，依據政府統計資料，包括考試院性別圖像、歷年工業及服務業受僱員工退休狀況，目前退休年齡應該是愈來愈老，均應朝向 60 歲邁進，預估 2022 年左右，退休年齡將增加至 60 歲；尤其是近年來因退

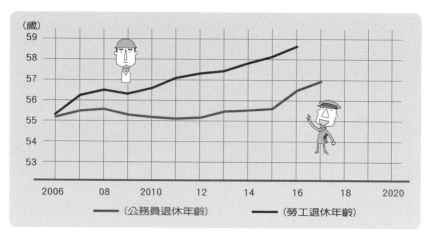

休基金破產所引發的軍公教退休制度改革,更使得人們不得不延後退休年齡,以及平均餘命增加導致養老成本難以預期;因此,口袋多存一點成為許多即將退休人士的共識。

👁 不怕老死,就怕老來沒錢

回想起 1992 年,當時的平均餘命為 74 歲 [110],這也是退休制度設定在 65 歲的主要原因,退休後享受個幾年,就差不多辭世,領著退休金,享受下一代對於自己一生貢獻的感謝,坐在搖椅上每天看著日出與日落,過著幾度夕陽紅的清閒生活;只領 9 年的退休金,並不會造成政府過大的負擔。

可是當時間來到了 2002 年,女性的平均餘命首次超過 80 歲,時至今日女性平均餘命更來到 84 歲,而男女平均餘命也在 2015 年突破 80 歲,逐步往 83 歲邁進。從過去的經驗分析,平均每 10 年大約可以增加 2 歲的壽命,未來還會持續增加中,甚至於基因科技突破某個瓶頸時,百歲人瑞應該是常態,這也造成退休資金規劃上的困擾,「不怕老死,就怕老來沒錢」,大部分老年人都沒想到自己能活那麼久。

●小凡的困境

　　人類習慣以過去的經驗規劃未來，總是看不到未來生活費的暴增、壽命延長所增加的成本。讓我們來舉一個例子：1994 年，當時才 30 歲的年輕人小凡，當時想著一路在公職上為國服務，然後 65 歲退休之後就要忘記職場上的種種，不忘記也沒辦法，因為退休後就強制歸零，努力享受真正屬於自己的生活。花費方面，既然只能活 9 年，老年人花費不高，每天吃稀飯配青菜，每年假設花費 36 萬元，大約準備個 324 萬元就綽綽有餘了。（參照下圖）

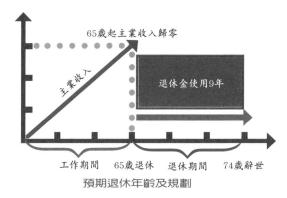

預期退休年齡及規劃

　　沒想到來到了 2019 年，55 歲的中年大叔，已經從小凡變成了大凡，發現平均餘命已經上升到 80 歲，加上每 10 年隨著醫療技術的進步，大約可以增加 2 年的壽命，算起來，自己有可能還有 30 年好活。

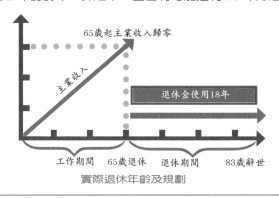

實際退休年齡及規劃

因為大凡準備的退休金不到 350 萬元，如果還有 20 年好活，規劃 7 年花用的 324 萬元，變成要 20 年才能花完，每年從 36 萬元的花費，一下子降為 16.2 萬元，這可是怎麼過日子，大凡必須要想辦法解決，基本上會有三個方法解決：

①降低每年支出：維持原計畫 324 萬元，每年必須降低支出為 16.2 萬元。只是當通膨逐漸增加，現實生活並不是少吃少喝就可以，水電、稅金、管理費都逐年增加，甚至於醫療自費項目暴增，如果不太能動，慘了，還要聘請看護，費用更是可觀，對於退休基金快要破產的今日，看著很難增加的退休金，日子可是一天比一天難過。

②退休之前，加倍努力賺錢、存錢：如果這把年紀的大凡已經是靠腦力賺取智慧財，蠻有機會在剩下的 10 年多賺一倍，但如果還是勞力財，恐怕很難達成，頂多多個 50 萬、100 萬。未來退休金未必領得到的年代，加倍努力賺錢、存錢恐怕是必然的道路。

③延後退休或退休後重新跨入職場：65 歲就可以退休，隨著法令逐步修正，可以延長到 67 歲退休。如此一來，可以多存一些，退休期間也少了 2 到 9 年。只是延後退休也有極限，未來即使法令修正得以延後，70 歲大概就是頂點了。況且如果人人都能活到 100 歲，那又該怎麼辦呢？

簡單來說，退休之後錢不夠用只得想辦法繼續工作賺錢，有能力的可以當個顧問，用過去的經驗傳承給有需要的企業，比較辛苦的就是當麥當勞或便利商店的店員，用老年人的耐心服務著四方的來客，如果實在是沒人聘僱，只好去撿拾回收物。各位讀者有沒有發現撿拾回收物的老人愈來愈多？滿載回收物的推車非常沉重，只見許多老人都已經使盡洪荒之力，每一步都推得步履維艱，讓人有些不忍。

總之，套段本文中的描述，人類習慣以過去的經驗規劃未來，總是看不到未來生活費的暴增、壽命延長所增加的成本。

👁 及早規劃副業與投資理財

　　一般來說，大多數人會選擇退休後找新工作，繼續工作到 74 歲，到 83 歲也剩下 9 年，符合 30 歲的年輕人小凡最早的規劃。可是通常計畫趕不上變化，很多不可預期性的事件不斷發生，如果做不動怎麼辦？如果活更久怎麼辦？對於沒有錢這件事情，內心不斷惶惶不安，也許會希望一直工作到 83 歲辭世之時，才會放心。

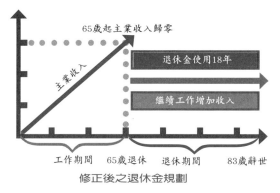

修正後之退休金規劃

　　在人口反轉的時代，少少年輕人要照顧如山高的老年人，負擔將會愈來愈重，創造多重收入成為基本的理財概念，而且要早早準備，尤其是被動收入要逐漸取代主動收入。

　　下一個問題，很多人不太理解什麼是被動收入，哪些工作又是主動收入；設想一下，當你年紀 70 歲的時候，能找什麼性質的工作？7-11 的員工、麥當勞櫃台阿嬤，還是房地產廣告的路邊舉牌員？沒有技術性職的工作，當老來沒錢的人口增加，這種工作的競爭性非常高，也許排了 2 個月也等不到一次工作 [111]，況且站櫃台、舉牌員都必須站很長的時間，你站得住嗎？你的雙腳站得住嗎？這些靠著一次又一次的付出換取一次又一次的單次收入，都是屬於「主動收入」。

　　反之，「被動收入」幾乎是不太需要花費長時間、高勞力的工作，例如投資房地產，定期收取租金，雖然還要負責管理，但不需要在大太陽底下舉牌，也不需要靠拾荒來維生；其次，投資股票、定期領股息，雖然還

是要定期檢視股票資產的品質,但花費的時間相對地少;又如出版各種著作,雖然要花時間找資料、分析、改版,至少可以在椅子上完成,找一間咖啡店邊聽音樂邊打字,不必一早吹著冷風起床,只為了賺取幾百元的薪資。參考下圖看看本書的建議:

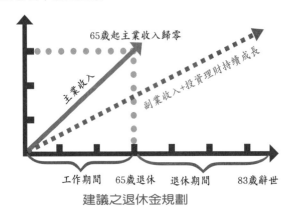

建議之退休金規劃

👁 第二人生的概念

● 眼前的紅蘿蔔不是唯一

問一個簡單的問題,你是否曾經想過要出人頭地,例如爬上企業、政府機關裡的重要幹部,像是 CEO 這樣子的角色?

我猜想大多數的朋友答案都是 Yes,包括我在內,當然是爬到眼前的最高位,像是我剛出社會的時候,從委任最低職等的國小老師當起,看到威風八面的校長,心裡很希望當上主任、校長,甚至於當個督學,可以到各個學校巡視,好像古代巡府大人一樣。

接下來我要請大家去思考一下小問題,職場的最高職位是否是你最主要的目標?例如你在 A 民間企業任職,擔任企業的 CEO 就是你奮鬥的終極目標;如果你在公家單位任職,則是單位的最高主管,例如部長、署長。

一開始我也是這樣子想,後來在一個換工作的轉折後,考上了現在的工作,突然發現自己的職等超過當初想要擔任的主任、校長,這時候突然

有一個質疑，我只花了 5 年不到的時間，就完成當初以「職位高低」所設定的目標，現在的我是否還要設定一樣的目標呢？

當時的我，一直反覆思考一個問題：看得到的目標，真的是自己的目標嗎？

還記得在拙著《圖解理財幼幼班 慢賺的修練》一書中提到小白兔的故事，老白兔總是教小白兔要看頭上的紅蘿蔔，只要努力往上跳，就有機會吃得到；小白兔聽了老白兔的建議，於是拼命練腿力往上跳，深信只要努力，一定有機會吃到掛在上方的紅蘿蔔。可是旁觀者清，我們看到的是一隻小白兔只看到頭上的紅蘿蔔，全神貫注地往上努力地跳，卻忘記周遭世界是那麼地美好，只要轉個彎，可以發現更多的機會。

●退休高官的眼神

我必須要提出一個比較特殊但誠懇的建議，如果您不是企業經營者，而是吃人頭路的小資男女，請放棄在企業、政府機關內部出人頭地的想法，或者是不要作為唯一的目標；因為那個虛無的職位，就如同紅蘿蔔一樣，看得到卻極難吃得到。如果願意轉個彎，看看更寬廣的世界，才能夠獲得人生發展上的自由。

來分享一段致贈年節禮品的經驗……

還記得剛考上現在任職的單位時，分發到台北的單位，當時的轄區是信義區，年底要發送退休人員年節禮金，負責十幾位退休前輩，本來很期待能藉此拜會當年叱吒風雲的人物，即便已經退休，還是跟電影上演的一樣，不但享受退休後多采多姿的生活，眼神中依然如老鷹般地犀利。

一戶一戶拜會之後，發現現實生活與電影劇情差異甚大。每一戶的房間都是陰暗且了無生氣，當然可能是因為節能減碳而養成不開燈的好習慣。只見一位一位退休高官，看著我的……「禮金」，臉上充滿了喜悅，如果不小心晚送過去，還會打電話來催，不是催我怎麼還沒去看這些老長官，而是催我趕緊送錢過去。

　　年輕的我很好奇，也不過就是那幾千元加個小禮物，怎麼會讓這些老前輩這麼期待？帶著些許的好奇心，仔細打量著這些退休老者的生活，實際上都有些平淡，與大腦想像中的豪宅、溫水游泳池，退休後躺在池畔喝著威士忌，真的是天差地遠，甚至於蠻高比例的退休生活算是清貧。

　　當然，並不是說有錢才是好的。只是這些退休長者，有些才剛退休，但已經從眼神中看不出如老鷹般銳利的眼神，反而是一種無盡的空洞。許多人的名號在我的記憶中，不只是身任高官，傳說中威風八面的氣魄卻已經消失殆盡。

> 眼前的，就只是一位老人，一退休就歸零。

●奮鬥多年的目標，卻是一個「歸零斷崖」

　　試想看看，當你拼到 60 歲，終於爬到了最高位，離退休年齡也不過 5 年，屆齡退休就下台一鞠躬。卸下了職位的光環，就像是人生爬到了頂峰，下一步迎接你的卻是斷崖，不再有權力，不再有人圍繞身旁，人生又是重新的開始。記得一件事情，只要你是吃人頭路，就會有下台的一天，但如果這是你自己的事業，如同王永慶一般，永遠是企業體的指揮家。

> 90% 以上的人參不透這一場人生的追逐，最後面臨的是「歸零斷崖」。

　　90% 以上的人在某個單位任職時，出人頭地的想法會開始發酵。想要成為頂尖，想要位居要職，所以總經理那個位子就是你追求的目標。但是這種目標發生的可能性卻非常的低，除了競爭者眾之外，必須使出大絕才有可能踹開無數的競爭者，坐上夢寐以求的位子。

　　此外，還有一個大門檻，就是只有在企業願意拔擢外部人才擔任專業經理人，你才有可能坐上大位。很多台灣企業都是家族企業，寧願劉備傳給劉禪，也不願意給諸葛亮一個機會。所以，這些位子早就被卡死，只會留下讓你做到死的血汗椅子，好聽名號的職位很難歸你所有。

近年來比較著名的案例，就是統一前總經理徐重仁於 2012 年 6 月 21 日突然無預警被拔掉統一超商總經理職務，最後斬斷與統一集團情絲的故事。時任台大副校長湯明哲先生為徐重仁先生《流通教父徐重仁青春筆記》一書所寫的序文，其中有一句話點出問題的關鍵：「再大的戰功，也敵不過家族企業的一句話。」真的是只要不姓那個姓，就沒有希望，只是一顆棋子，還是趁機早點走。

如果職場上追逐的夢只是頭上的紅蘿蔔，那周遭的世界就不是你的。

專注本業是基本的人生態度，但除了本業之外，因為現代人不是只活到 60 歲、70 歲，而是 80 歲、100 歲，如果想要在退休之後延續自己的價值，請不要把本業的成就看得太重，積極地將 50 歲以後的人生當作自己的「第二人生」，追求自己一直無法完成的夢想，追求自己早年放棄的興趣與熱情，如同五月天的一首歌「固執」一樣，每個人的心中都有夢想，歌曲 MV 的男主角由梁家輝飾演，一位到處在底層打工賺錢，卻沒有忘記建造太空船夢想的中年人，在受到許多人的嘲笑，流氓踢壞他的半成品，終於在自己努力下獲得了眾人的幫助，最後讓太空船成功衝上了天空。

我們大家都困在了第一人生，為了生活而不斷地忍受各種沒有夢想的人生，但隨著口袋逐漸富足、人的壽命不斷延長，好好把握人類歷史上最棒的機會，掌握第二個人生找回自己的夢想吧！

[2023 長照潮噴出]

👁 長照是功德嗎？

　　2017 年 11 月 24 日，衛福部舉辦了一個長照 2.0「1966 專線開通記者會」，賴清德出席活動，允諾長照 2.0 要提供更多服務。但他卻突然語出驚人說：「台南大地震時，看到許多消防員無私奉獻。我們照顧老人，會說啊！三萬多塊錢，好像袂和（台語不划算的意思），工作的條件已超過忍耐的程度，愛心施展有一點點困難，我在這邊也要勉勵照服員，台灣是一個功德社會，應把這份工作當成做善事。」

　　沒想到這番發言立即引來網友留言砲轟，有人說：「官員薪水捐出來當做功德如何？」也有媽媽留言說：「我是身障兒的媽媽，以前長期申請保育員來幫忙，她們都很專業，但流動率高，不是沒愛心，因為這個工作實在太累了，薪水卻少的可憐……」[112]。

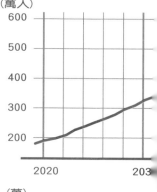

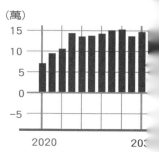

　　目前政府採取「長照稅收制」，以遺贈稅、菸酒稅、菸捐、房地合一稅作為主要財源，每年將預算控制在 300 億元左右。然而長照財源所需要的金額持續成長，這些稅收似乎也逐漸不足，必須額外「編列公務預算」因應，可是未來的稅收是否足夠

呢?因此「長照保險制」變成不得不考慮的制度,以民眾負擔三成、企業四成、政府三成方式。

👁 72 歲受照護的年紀

1949 年退守台灣,開始迎接戰後嬰兒潮,從 1951 年開始,一直到 1982 年次,32 年間都是我國出生人口的高峰,平均在 40 萬人次以上。

> 1951+72=2023 年
>
> 1982+72=2054 年

所以,依據國發會中華民國人口中推估資料,如下圖,預計 2023 年以後,72 歲以上人口將會出現高峰,從 224 萬持續快速增長,每年以 10 幾萬的增加數攀升至 542 萬人,一直到 2057 年才開始減少。

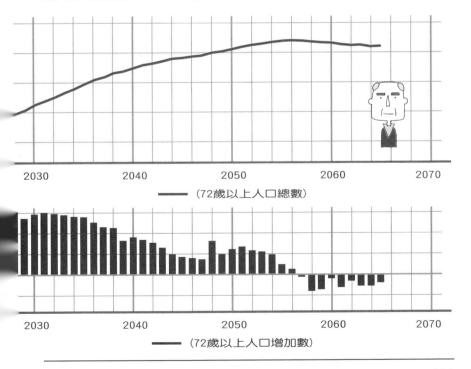

153

　　每多 1 年，隨著 72 歲以上老人的增加，需要照護的老人也會增多，老人照護的人力、資金壓力就會逐漸變重，30 幾年的時間，對我們所有人而言都是非常難熬的過程。

　　現在政府已經感受到長照預算不足的問題，更何況是未來 10 年、20 年、30 年呢？況且老人占比過高，經濟情況前景也跟著看淡，社服外勞往有錢、高薪的地方移動，未必會來台灣，再加上少子化，照護人力將嚴重不足，照護薪資低廉，難以留住人才，就算我們的下一代沒有被外國的高薪給吸引，願意留在本土一同打拼，可是若一堆年輕人都成為或被迫成為照護人力，對於國家經濟發展也不是好事情。

👁 猝死地藏的出現

　　在日本鄉間，拜的神明不再是財神爺，不再是追求活得久，祈求的願望變成「寧願好死，也不要苟活」。一座座「猝死地藏」出現，參拜者還絡繹不絕，高齡者是主要的虔誠膜拜者。以前秦始皇追求的長生不老，今日居然大相逕庭，變成早點好死 [113]。

　　地獄不是不存在，只是不在你身邊。

　　從 72 歲開始，變得很容易生病，身體機能也逐漸退化，在生命的最後 10 年裡很不健康，不太想要跑很遠的地方旅遊，上下樓梯也變成一件苦差事，甚至無法獨立生活。況且少子化的影響、配偶比自己早一點離開人間，親友與自己住的地方相隔甚遠，更糟糕的是口袋沒剩下幾個錢，卻面臨長期臥床、大小便需要別人協助，甚至還得戴著人工呼吸器維生。

　　85 歲的前體育主播傅達仁深受胰臟癌末期之苦，多次在媒體前提倡安樂死合法化的議題，更上書至總統府，他幾經波折地來到了瑞士選擇了一間「尊嚴」(DIGNITAS) 的安樂死機構，終於在 2018 年 6 月 7 日尊嚴、安詳又豁達地邁向生命的終點。

　　我國目前還有寶貴的健保制度，可是當醫療負擔逐漸增加，健保費用不斷提高，自費項目也不斷增加，想要好好的治療疾病，成本將是愈來愈

高，許多老人繳不出醫藥費，不敢就醫，還有人因為醫療費用壓縮基本生活費，三餐不濟，得吃野草度日[114]。

　　我父親之前去醫院看診，準備開攝護腺手術，問我們家屬說要不要自費，可以少流點血、傷口比較小，比較早下床，要多個十幾萬元；我第一個念頭是醫生這樣子問家屬，家屬耳朵裡面聽起來卻是你要不要老爸受苦？

> 方案一：自費，少受苦，你是孝子。
> 方案二：不自費，多受苦，你還想當孝子？

　　我的資金夠寬裕，還付得起這十幾萬，可是窮人家又怎麼想呢？雖然這是一個趨勢，我再怎麼抱怨可能也無法扭轉的事實，看著將會有更多的人痛苦地面對老年的人生，只能奉勸大家為了老年時的尊嚴，口袋的資金可是要準備豐富一點啊！

> 建議：請以可以活到 100 歲來規劃退休金。

[2024 人口數降低、用電量反轉]

👁 日本經驗：用電量隨著人口減少而降低

　　全世界的人口將於 2050 年接近百億，能源消耗也相對增加，有預估 2040 年能源需求量是 2014 年的 1.4 倍 [115]。只是全世界人口增長，有一個原因是人口老化，使得死亡時間延後，老化人口的用電量也會相對降低，如果人口減少又老化，用電量更應該反轉直下。

　　以日本為例，屬於人口減少、人口結構老化的國家，2010 年來到 1 億 2733 萬人口高峰後，隔（2011）年開始反轉向下；參照日本人均用電量（統計至 2014），2010 年來到高峰後，也是反轉向下。換言之，人口總數與人均用電量應該一定關聯性。

　　回到我國的狀況，國發會預估，我國人口零成長時點預估於 2021 至

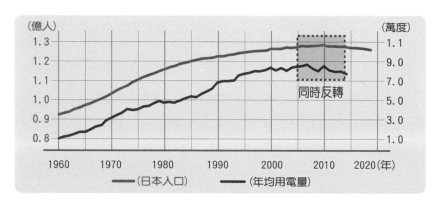

2025 年間發生（有可能 2020 年），最高峰人口數將介於 2,366 至 2,381 萬人 [116]，搭配人均用電量的數字，正處於高峰期。然而，人口減少、人口結構老化也是我國的特徵值，用電量可能在近幾年來反轉向下。

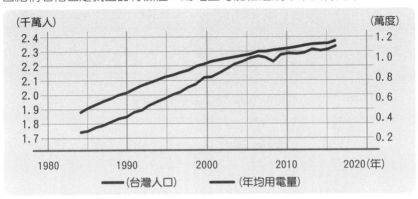

在用電量持續攀高的前提下（參照下圖），尤其工業售電量占比高達 56.45%，2018 年的成長幅度還有 2.03%，而住宅售電量於 2019 年的成長幅度僅有 0.07%，呈現減少的態勢，商業售電量成長僅有 1.07%。

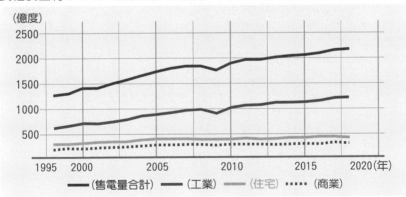

由於我國產業結構是以外銷為主，固然人口減緩且反轉即將到來，但人口減緩未必能夠有效的降低工業售電量之成長；不過在充滿不好消息的資訊中，還是有一個好消息，也就是能源密集工業的能源消耗量正在降低，如次頁圖：

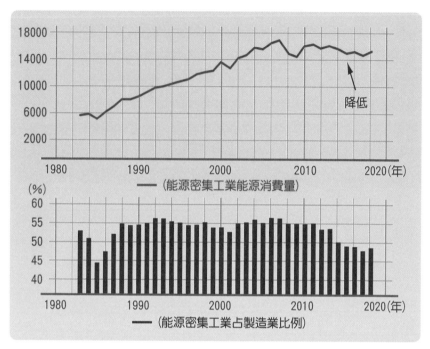

(能源密集工業能源消費量)

(能源密集工業占製造業比例)

　　能源密集工業之能源消費量已經在 2011 年開始反轉向下，如果以能源密集工業之能源消費占整體製造業之比例，2011 年是 49.18%，2018 年只剩下 47.79%。能源密集工業通常是耗電的產業，降低的原因可能是能源使用效率提高，也可能是石化業與鋼鐵業等能源密集工業遷移台灣，像是國光石化胎死腹中 [117]、赴越南的台塑越南河靜廠 [118] 等，如果此一趨勢可以持續下去，用電的需求將不會無限制的上升，更有助於在人口達到高峰之際，然後開始反轉向下。

　　只是高科技業者的用電量還是有可能暴增，像是台積電 5 奈米新廠耗電量大，加上蘋果公司等客戶端要求採用綠電，計畫砸 600 億，在屏東興建台灣規模最大的太陽能電廠 [119]；換言之，未來用電量是否下滑，很多變數還是不太容易掌控：如果僅就人口結構老化、能源使用效率提高、能源密集工業遷移台灣等因素來看，應該是需求量降低的看法。

👁 政府的政策別再重蹈覆轍

政府的政策常常是錯的，最明顯的大學數量過多。

如下圖，第二團塊（1976-1982 年）出生人口高達 40 萬人以上，於 1994 至 2000 年開始升大學 [120]，請先看一下下列兩數據的關聯性：

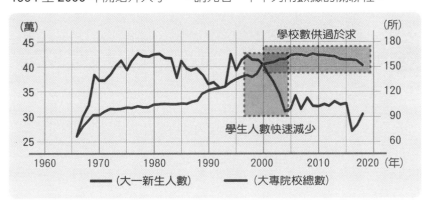

大學、學院數量從 1966 年的 69 所，然後快速成長，2001 年就已經達到 154 所，但這時候大一入學人口已經開始降低。時至今日，目前的大一學生大約是出生人口在 30 萬的世代，出生人口 20 萬世代於 2023 當大一生了，大學爆量已經是主管機關的燙手山芋。

我並不是責難當時的主政人員看不到今天人口結構的轉變，就算有看到，以當時對於人口結構的認知，恐怕也不會認為很重要，加上許多學校都有升格的壓力，也就造就今日系所過多的窘境。

前瞻計畫的輕軌捷運也是一樣，每個人都希望自家門口有捷運站，高鐵如果開到墾丁不是也有助於觀光；人不為己天誅地滅，借點錢建設也並不難，但有一點可不要忘了，日後的「維運費用」從哪裡來？

退休的老人愈來愈多，繳稅的人愈來愈少，只為了當下自己的私利，20 年後捷運沒錢上點潤滑油，車廂清潔也沒人打理，如同蚊子機場的屏東機場一樣，因為使用人數太少，每班不到 15 人搭乘，民用部分於 2018 年 8 月 10 日關閉停飛 [121]。

早年執政者在人口紅利、經濟高速發展的時代，欠缺人口結構的思維，許多過去錯誤的政策在今天開始發酵，除了前面提到的大學爆量，還有更嚴重的退休年金分配；或許還可以說是早期執政者欠缺相關知識的素養，時至今日，人口反轉已經是常識，可是現今的政客傻蛋依舊如昔，到底是真的不知道，還是騙選票而假的不知道呢？

👁 非核目標的達成

一、廢核的目標依舊可以達成

依據能源統計資料查詢系統之發電結構統計，太陽光電與風力發電從 2012 年的 0.63%，2019 年好不容易才爬到 1.88%，核能發電占比則從 16.14% 已經降到 11.93%，只要用電效率持續提升、不發展能源密集工業，鼓勵民眾持續節電，再加上綠能發電技術逐漸成熟，若是綠能發電占比能快速提高到 5%，在人口開始反轉、結構老化的未來，廢核目標應該指日可待。

二、綠能的成本較高，電價必然上漲

綠能的成本較高，以太陽光電為例，台電自發電大約是每度 8 至 10 元，購入價格則是接近每度 6 元，所以許多農田土地紛紛開始「種電」賣給台電；只是相較於每度不到 2 元的燃煤、核能成本，未來電價上漲則是不得不面對的事實。

三、深澳電廠不一定有興建的必要

如果民眾不會因為調高電價而反彈，則以燃燒「乾淨的煤」的深澳電廠曾經爆發興建與否的爭議，8 年後才改建上陣，依據本文的推論，屆時沒有那麼大的電力需求，那麼又何必堅持蓋下去呢？真的蓋下去，還要花費千億餘元的興建費用，筆者擔憂花下去的錢如同屏東機場一樣，又多了一筆爛帳。

四、生活行為、產業型態的扭轉

　　每個人都在滑手機，耗電做一些沒有意義的瀏覽，辦公室的燈總是多開了幾盞，凡此種種都有節電的空間，只是大家都忽略而不做；此外，我國對於企業有許多電力補貼措施，也應該大刀闊斧地整體檢討，淘汰對於用電效能過低的產業補助，過程固然會產生痛苦，但對的事情政府就是要用力砍下去，非核家園的目標才可以達成。

[2025 大坪數換屋潮結束]

👁 大宅風向的改變

2008 年，當時自己正在念中正博士班，時常開著小車台北嘉義來回跑，單程大約 250 公里的路程，有時候會下台中交流道到附近的東海大學夜市小街，買兩盒雞腳凍、一碗大紅豆冰，坐在店裡的座位上，桌子還有許多前手掉落的雞腳殘渣，稍嫌髒亂的桌面打消不了美食的誘惑，打開透明塑膠盒子，不管手是否會油油的，伸手就嗑起了一隻又一隻的雞腳凍，搭配著一勺又一勺清爽大紅豆冰，開車的疲憊緩解了不少。

不過，每次都去吃雞腳凍也不是辦法。當時房地產正當熱門之際，想說去位於七期的豪宅區看看房子，如果價格還可以，在台中買個「行宮」，對於時常南北奔波的我也許可以有個暫時落腳休息的地方，還能有當皇帝的快感。

有一天假日，又南下開著我的小 V（TOYOTA 的 1.5 小車 VIOS），準備星期一到中正大學上博士班的課程；途經台中一樣開下交流道，但這次不是去東海大學買雞腳凍，而是開進了新屋銷售的接待中心；甫停下車，一位年輕的小夥子迎面而來，看起來是剛入此行，很親切地問說：「要買房子嗎？」

「是的。」想到「行宮」就在眼前，充滿期待地回答。

年輕小夥子很有氣質地繼續問：「有想要的坪數嗎？」

心裡想著雖然只是要買個小套房當行宮，但氣魄上也不能講太小的坪數：「大概 30 坪左右。」30 坪在台北可能就要 1、2 千萬。

小夥子臉上依舊是笑笑的：「很抱歉，可能無法有適合您的規劃，目前本建案都是大坪數的豪宅，至少都是 60 坪以上。」

這時候突然感覺自己土土的，有一種被洗臉的感覺，來到豪宅區卻不知道豪門世家不住小房子，連「行宮」也是大坪數，買房子即便實際居住者是外籍勞工，或者是單純養蚊子也開心，這可不是我這種小資族可以體會的。

👁 青埔看屋下午茶一遊記

時隔 11 年，2019 年 3 月初，正準備開往高鐵桃園站考察 Outlet 購物中心的近況，途經青埔特區附近的領航站（機場捷運，領航北路四段），想起當年在這條路看房子的時候，因為實在太荒涼了，為了停車，不算太寬的大馬路倒車 50 公尺，居然毫無懸念、一氣呵成，經過了這麼多年，是否依然可以無限倒車呢？

一轉念，決定先右轉到領航北路四段，到了捷運站前的紅綠燈口迴轉到上次看屋的宜誠青埔市，看著後照鏡，即便有了捷運站，後方還是沒有車，於是又展開了倒車找停車位的記憶之旅，果然還是沒有碰到半輛車，荒涼依舊、一如昨日。這時候看了一下右方，倒是蓋起了一棟新的大樓，可能是我在路邊停稍久了，裡頭的代銷公司大哥跑來問了一下：「先生，看房嗎？」

「這邊可以看房喔！那……停哪邊呢？」

代銷大哥：「直接停上來行人道上。」

「這麼隨性。」（心裡 OS: 原來連行人都很少）

下了車，引進了交誼廳，美美的代銷小姐說今天有免費下午茶，要吃什麼蛋糕？喝什麼飲料？早知道有下午茶吃，剛剛就不要吃那麼飽，只點

了黑咖啡，看了一下四周環境，整個交誼廳金碧輝煌有豪宅的質感。

輕啜了幾口咖啡，迫不急待地跟著美美的代銷小姐來看樣品屋，閒談之中，得知這社區分為 55 坪與 65 坪，屬於大坪數設計，數年前就已經蓋好交屋，但因為單價高，近年來大坪數不好賣，餘屋還剩不少，所以建商與代銷公司仍在這邊辛苦地賣屋，也才有免費下午茶可以享用。

👁 大坪數逐漸退潮

大坪數的房屋設計，大約是 2003 年 SARS 之後逐漸開始流行，一直盛行了十餘年，直到了這兩年熱潮才漸漸褪去，讓我們看一下最近相關新聞的分析，大多是談到大坪數的熱潮逐漸消失 [122]：

①老牌的國泰建設 2013 年在新竹推出豪宅「Twin Park」後，迄今的新案全走中、小坪數規劃。
②潤泰新今 (2017) 年的二件小宅案「京采」、「禮仁」，最小坪數都只有十幾坪。
③冠德建設預計 (2017) 下半年推出的「創新殿」、「天晴」，以及長虹與忠泰合建的「明日綻」，三個建案最小坪數均為 28 坪，應該想把握時下最受歡迎的 2 房房型。
④小坪數當道！六都滯銷房中大坪數占六成 (2019)

2017 年下半年，開始看板橋、土城地區的重劃區的房子，與銷售人員談論房地產趨勢時，發現建商不太願意再推出 60 坪以上的房子，頂多 50 坪就是上限了，大多數是 35 坪以下與 20 坪左右的建案。只是為何大坪數的住宅不再受到寵愛？是房價單價太高，大坪數總價太貴，還是有什麼背後的結構因素呢？

👁 少子化的時代還需要大房子嗎？

讓我們大家來嘗試進入以下主角天哥的情境……

1955 年出生的天哥，大概 27 歲結婚（1982 年），28 歲時陸續生了 2 個小孩（1983 年），還蠻符合當時的總生育率 2.170；天哥一開始因

為手頭比較緊，只能買下 30 坪的房子，三房兩廳的房子；隨著小孩年齡逐漸長大，上了國中（大約 1995-1997 年），當時的戶量（人／戶）為 3.67-3.50；房間數愈來愈不夠使用，目前是夫妻共用一間，2 個小孩用一間，一間當作書房與客房。

只是 2 個小孩共用一間，實在很擠，於是想要換個四房的房子，主臥室之外，小孩子一人一間，還多一間可以當書房或客房，住起來才會寬敞許多；在興起換房子的想法時，天哥的年齡大概來到了 40 至 42 歲。

參考哈利・鄧特的著作《2014~2019 經濟大懸崖》，書中提到換屋年齡是 42 至 43 歲，兩者相距不遠 [123]。不過，此一數據會隨著不同國家、不同個案的結婚、生育年齡與生育人數而調整，以我國目前趨勢而言，應該是會往後移動，因此以下數據以 43 歲為計算標準。

首先搜尋聯合新聞網知識庫，1990 至 2016 年，關鍵字「大坪數」、「換屋」出現的次數（如下圖）：

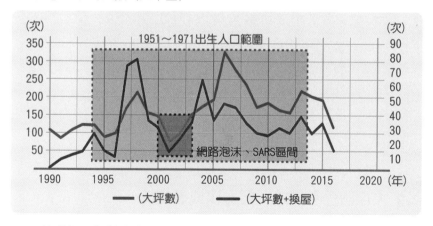

接著搭配相對出生人口高峰 1951 至 1971 年出生（灰色框），出生人數平均約有 40 萬人，於 1994 至 2014 年陸續來到 43 歲。從上圖中，可以發現一件事情，除了 2000 至 2003 年可能遇到網路泡沫、SARS 的影響，所以數值來到低點外，新聞關鍵字出現的頻率是相對高檔。

　　只是這一段時間的交易面積資料並不完整，參考內政部不動產資訊平台，有 2009 年第 1 季至 2019 年第 1 季，有關全國平均買賣面積的數據如下[124]。全國平均買賣面積在 2014 年第 2 季，均位於 40 坪以上，在 2014 年第 3 季開始下滑，跌落 35 坪以下，目前已經來到 33 坪之間，可作為前開推論之佐證。（但也有可能是其他因素）

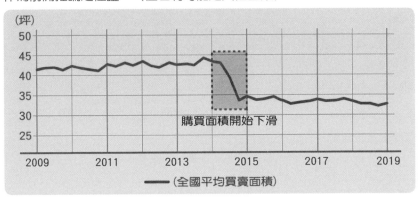

　　只是兩者之間未必有因果關係，可能搭配上其他因素，例如當時剛好是房價高檔，大坪數面積的總價較高，甚至有豪宅稅、房屋稅、雨遮不計坪數等問題，自然難以受到市場的青睞，也因此部分想要買大坪數的客戶只好放棄，從時間上來看，房屋稅調漲的時間在 2014 年，與上圖的走勢比較有關係；或者是這個政府提供的數據或計算標準有問題，導致數據突然大幅度下滑。

👁 大坪數仍有需求，但難以成為主流

　　雖然還有第二波大量出生人口，有稱之為「第二團塊」，請參照次頁圖，每一年超過 40 萬的世代，也就是 1976 至 1982 年出生，平均在 2007 至 2014 年結婚，將於 2019 至 2025 年陸續來到 43 歲，生育年齡大約是 2008 至 2016 年之間。

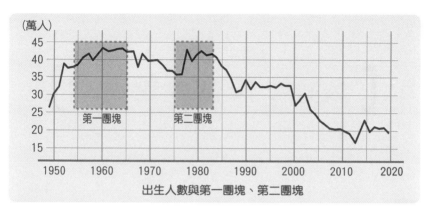

出生人數與第一團塊、第二團塊

年度	總生育率	戶量
2008	1.050	3.010
2009	1.030	2.960
2010	0.895	2.920
2011	1.065	2.880
2012	1.270	2.850
2013	1.065	2.820
2014	1.165	2.800
2015	1.180	2.770

＊第二團塊生育年齡區間的總生育率與戶量

　　如上圖，「第二團塊」與「第一團塊」世代的天哥相比，生育率從 2 降低 1，戶量從 3.7 降到接近 2.7，即使「第二團塊」的出生人口眾多，但家庭人數已經降低許多，大坪數住宅的需求性也降低。

建議：

①未來房地產市場對於大坪數雖然仍有一些需求，但將不會成為市場產品的主流。

②有意購置大坪數房屋的讀者，應以自住為主。

③若要以投資為目的，仍應謹慎為之，以免需求較低而出脫不易，也無法賣到滿意的價格。

[2025 失智友善台灣]

👁 翻找：住在榮民之家的老爸

老爸到了 80 歲時，慢慢地無法自理，煮個飯都有點兒困難，有一次跟我提起要住進榮民之家；老榮民最希望的就是住在榮民之家，身旁幾乎都是老戰友，雖然每一位都垂垂老矣，但規律的生活似乎還能找回當年抗日剿匪的一絲絲榮耀；於是乎開始申請入住之旅，歷經了一番折騰，求爺爺告奶奶的才終於順利入住八德榮民之家。

每隔幾天，只要天氣好，我都會開車 1 個小時來到園區陪同老爸散步，行經行政大樓時，老爸都會抬起頭看著「八德榮譽國民之家」那幾個字，開始一個字一個字地唸完，言語之間有著小小的滿足，嘴巴咕嚕咕嚕地對著我問說「住進這邊很不容易吧！」這個問題已經不記得聽過幾次了，其實不太清楚老爸指得是什麼？是說年輕時要為國家冒著生命危險打仗才能住進來，還是好不容易才體檢過關，爭取到個床位？

我想應該是前者，所以總是回說因為當年的英勇才能住進來，讓他高興一下；但「住進這邊很不容易」這句話，對我卻有不同的體驗，因為老爸過了 80 好幾，思緒上已經不是那麼清楚，加上手腳不是那麼俐落，照顧上比較麻煩，可不是安養中心歡迎的對象，即便是洗個衣服這種看似簡單的工作，對他老人家來說也是一大考驗。

過年前幾天來到榮民之家，老爸的衣服有點味道，於是幫老爸把掛在

浴室的幾件衣服拿了下來，一時找不到臉盆，只好雙手捧著一堆濕臭的衣服來到 50 公尺外的洗衣間，一手抱著衣服，一手從牛仔褲的小口袋中掏了個 20 元，投進洗衣機又灑了點洗衣粉，這樣子的過程對老爸而言，如同要小學生解個微積分題目是一樣困難。

看著洗衣機轉了 20 分鐘，好不容易等到了結束的嗶一聲，掀了蓋子，找回了衣服該有的清香；接著，再放進上頭的烘衣機，2 個 10 元就可以烘個 80 分鐘，1 個多小時的時間，因為時間還久，只好先回到房間等。

一進房間，黑壓壓的一片，才晚上 6 點多，老爸已經睡著了；猜想應該是把衣服拿去洗時，離開久了些，他應該是以為我回去了，也沒啥事情，天氣又冷，就裹著棉被睡覺，這……就是老人的生活，有點無聊，睡覺通常是不錯的選項。

開門的聲音驚動了老爸，老爸睜開了眼睛，黑暗之中看到眼睛中的閃光，也看不出來是高興還是不高興，似乎有一種疑惑的感覺……趕緊安撫老爸說：「爸，吵到你了，我還沒回去，在等衣服烘乾，繼續睡別管我。」

這時，我也拉了把椅子小瞇一下，畢竟工作了一整天，新店開車到八德也是打了好幾個哈欠才到位……才剛坐下，老爸叫了一聲說：「那邊有毯子，蓋好別著涼。」心裡想房間哪還有毯子，但也虛應了一下說：「不冷、沒事，房間很溫暖的，你睡你的。」一邊閉下眼睛，聽著北風拍打著窗戶的聲音，帶著些許規律也帶著我進入了夢境。

沒幾分鐘，只聽到老爸窸窸窣窣地爬起床的聲音，眼睛一睜開，只見他穿條四角大內褲，天氣有夠冷的，跑去衣櫥不知道翻找什麼……我趕緊說：「衣服剛剛拿去洗了，要找什麼，我幫你找，很冷，到床上休息……」

老爸繼續翻找……

這時候安養中心的大姐剛好進來，跟我說早點回去，衣服會幫我處理。一邊回應大姐，突然間，老爸塞了件大衣給我……其實老爸的行李很簡單，衣櫥裡就一件大衣，一時還意會不出來這衣服塞給我要幹什麼？

聰明的大姐說你爸怕你坐著睡會冷，所以找衣服要給你蓋啊！

看著老爸又緩步地回到被窩，腦中似乎回到了記憶中的老爸，在小工廠煮飯，當個不太被人瞧得起的廚工，老闆收了工廠轉戰大陸後，老爸又到大樓當管理員，攢了些錢總是喜歡塞個幾百元在我的口袋，擔心我出門在外沒錢吃飯，給同學瞧不起……

看著眼前的老爸，雖然中度失智，有點搞不清楚，但照顧家人的基本反應並沒有改變……

👁 老爸，這麼冷的天，你跑去叨位？

我自己常從新店來到桃園看老爸，接近 1 小時的車程。一進到警衛大樓，一樣地填寫訪客登記簿，數著訪客人數，發現每天來探望的就幾十人，大多數的老人都很少人來探望，自己每週來個兩三次，已經贏得了「八德孝子」的封號，只是有很多次都是因為出了事情，電話、訊息不斷傳來，看到這些訊息時，心頭的壓力還真不小。

有一天，一通電話打來，接起來才知道老爸跑出園區外買東西，結果就沒有回來了。接到了電話，立刻回說：馬上到。一到了辦公室，照服員都在到處尋找，討論之後，我決定開車到園區附近的巷道找尋。

晚上園區附近幾乎沒有燈，大馬路雖然車輛也不多，但車速卻都非常快，想到這裡，心頭上真的是忐忑不安。一想到老爸為了買東西，走啊走的，不知道走了多遠，他的步伐早就不是當年勇，走個三層的樓梯，都要花上個十來分鐘，更何況是在外面找不到路，想到這裡，難免有點心酸。

後來電話又進來了，說已經找到了老爸。原來是隔壁桃園榮民之家的警衛有警覺心，發現一位老伯伯在馬路上走來走去，迷惘不知方向，似乎要過馬路，但又猶豫不決；這位警衛大哥眼見來往車子開很快，天色昏暗之際非常危險，所以走到馬路邊，招了招手，把老爸帶回警衛室裡。

隔壁桃園榮民之家距離八德榮民之家 800 公尺，一個 80 多歲的老人

走了 800 公尺以上，天氣又超級冷、風大，老人家怎麼受得了，老爸可是穿著薄外套而已。後來通知我去桃園榮家警衛室接老爸，一踏進警衛室，只聽到警衛把我拉到一旁，偷偷地說：「你老爸一直說不要打電話通知你，說你工作忙，不要跑來跑去⋯⋯」

聽了這番話，心頭大概有了底，老爸看到了我熟悉的胖臉，臉上難掩著喜悅，嘴巴還是很死硬：「你來啦！」

老爸愛面子，不能說自己專程來找他，只好推說⋯⋯「剛好經過，父子連心，兒子感覺到你在這邊，來看看你啊⋯⋯」

老爸這時候也笑了。

問他餓了沒？

老爸點了點頭，看來真的很久沒吃東西了，於是在附近的便利商店 7-11 買了一些炒飯、飲料、水果，回到了房間，陪著他吃了一頓晚餐，外面的風正呼呼地吹，慶幸自己老爸平安回到房間，也感謝這些照服員的協助尋找。

給了這些照服員這麼大的麻煩，因為人沒找到，所有人都要繼續找。這讓我想起老爸審核入住的那一關，社工人員在走廊私底下表示這邊的人力資源無法應付我父親的情況，希望不要住進來；雖然最後還是住進來了，也證明社工人員的疑慮是對的，但當時聽到這樣子的要求還真的不知道該怎麼辦？第一次遇到輕度失智要住進安養中心的重重阻撓，社工人員只有婉拒卻沒有告訴家屬該怎麼做，在行政中心與社工人員的對話，一直到現在還是心頭的陰影。

大多數人都不瞭解失智症，遇上了也是不知所措。

👁 政府有作為嗎？

依據衛生福利部 2011 至 2013 年委託台灣失智症協會進行全國性失智症流行病學研究調查發現，65 歲以上老人失智症盛行率為 8% [125]。世

界衛生組織早在 2012 年即呼籲，各國應將失智症列為公共衛生的優先課題。我國於 2013 年即推動失智防治照護政策綱領 1.0，也是全世界第 13 個訂定全國性政策的國家，並已打下相當的根基。

2017 年公布失智症防治照護政策綱領 2.0，配合 WHO 之期程，2.0 版執行期間由 2018 到 2025 年，且明確承諾 2020 及 2025 年的全國目標，期待能營造一個失智友善的台灣。「失智症防治照護政策綱領暨行動方案 2.0」，採取兩階段發展。

階段	目標
第一階段 2020/555	①失智家庭照顧者有五成以上獲得支持和訓練 ②罹患失智症的人口有五成以上獲得診斷及服務 ③全國民眾有5%以上對失智有正確認識及友善態度
第二階段 2027/777	④失智家庭照顧者有七成以上獲得支持和訓練 ⑤罹患失智症的人口有七成以上獲得診斷及服務 ⑥全國民眾有7%以上對失智有正確認識及友善態度

現在社會氛圍對於失智症患者慢慢地有了點認識，也希望透過本書的介紹與分享，讓大家能多關心身邊的老人，當你發現身邊的老人有異常的狀況時，不要吝惜花費自己的時間，大家多幫忙一下，不是單靠政府的幫助，政府表面上可以幫很多忙，但是實際上很有限，不阻撓你就偷笑了，靠著整個社會共同攜手，才能建立一個友善的環境。

👁 安養資金準備好了嗎？

現在我老爸住在失智中心的費用，每個月大概 18,000 元以內，包括住宿、餐費、零用金、醫療相關費用，實際費用會因人而異，公立的環境也比較寬敞舒適；如果是私立，一般安養中心簡單計算就是乘以兩倍，大約 36,000 元，行動不便或失智的養護中心，大約三倍，等級不同，愈高級的會愈貴。

項目	公立費用	私立費用
住宿費用	10,000	25,000
零用金	2,000	2,000
餐費	3,000	6,000
特殊醫療、協助接送	2,000	2,000
照護人員特殊費用	1,000	1,000
總計	18,000	36,000

　　如果不是失智中心，會有很多隱藏性的費用，譬如過年、節慶時請照服員幫忙打掃，私下塞個 1,000 元紅包也是人之常情，房間也會變乾淨一點，有時候其他老伯伯往生後的優質遺物，也會突然出現在房間中，像是有一次詢問牆壁上怎麼多了一個時鐘，照服員說隔壁往生後多出來的東西，覺得還堪用，就拿來給錢伯伯用。

　　此外，一般安養中心必須要自己打掃，家屬過去都會幫忙打掃，每次趴在地上刷地板，味道還是很重，交給專業的照服員定時幫忙打掃，也算乾淨，濃厚的尿騷味也少了許好，更不會因為臭味影響附近鄰居，每週打掃一次要收費 3,000 元，如果是 1 個月一次，1,000 元。

　　想住公立機構，目前北部的都要排隊，排了 200 人以上是常見。私立還不一定能住得進去，所以未來在政府政策開放、補助，並提供優惠條件下，很多企業必然會搶進蓋老人安養中心，甚至於會出現如同預售屋般的場景，積極爭取年齡還沒有到的老人優先體驗；接著老人安養中心競爭過於激烈，又會導致體質不量者遭到淘汰，衍生一些社會問題。

[2026 大學消失三分之一]

👁 日本熱賣暢銷書《未來的年表》

　　新店唯一的林蔭大道中華路上的小咖啡店，老闆娘開了 20 幾年的老店，標準的低調不奢華，沒有誇張的亮色裝潢，身處在至少 40 年的老公寓一樓中，有著抗戰眷村的老懷念情感；用料都是務實的咖啡豆，沒有什麼炫麗的拉花，老闆娘總是說喝熱的對身體有幫助，單純的一杯咖啡，享受咖啡的香味，只有老客戶會來享用。

　　點了兩杯咖啡，終於等到出版社老闆拿著幾本待簽名的《理財幼幼班 4：精準思考　以企業為師的修練》，讓我簽了名好寄給熱情的讀者。可惜老闆娘怕油膩，只有提供餅乾與鬆餅等簡單餐點，雖然這家店無法填飽肚子，身為文人卻總是喜歡這樣子，即使吃不到什麼好料，也要在林蔭道上的咖啡館，在充滿幽靜的環境中完成簽名的任務。

　　一邊簽名、喝著咖啡，聊著出版界最近的發展，老闆也知道我對於人口結構與趨勢學有著豐富的研究與經驗，順著這個主題也與我分享了一本近期日本熱賣的暢銷書《未來的年表——即將在人口減少的日本發生的事情》。

未来の年表
人口減少日本でこれから起きること
河合雅司

2042年　高齢者人口がピークを迎える
2040年　自治体の半数が消滅
2039年　火葬場が不足
2033年　3戸に1戸が空き家に
2027年　輸血用血液が不足
2024年　全国民の3人に1人が65歳以上
2020年　女性の半数が50歳超え

講談社現代新書

光聽這本書名，當然引發我的好奇，馬上用手機搜尋一下這本書。封面很簡單，類似於編年史，把幾個重要年代用紅底黑字的方式貼出來，搭配上白底黑字，把該年度發生的重要事情列了出來，一條一條紅白相間的字條代表著日本的未來，像是：

> 2020 年半數日本女性超過 50 歲
> 2024 年三分之一的人口 65 歲以上
> 2033 年三分之一的住家閒置
> 2039 年火葬場不足

該書作者河合雅司，以大量統計資料為基礎，大膽預測 2020 到 2050 年的日本社會發展趨勢，繼《下流老人》一書後，再度吸引日本眾人的目光，這本書呈現出日本逐漸浮現的危機，例如大學生大幅減少、空置房屋暴增、無婚社會形成，火葬場和醫院血液儲備不足等各種層面的問題。

老闆正在思考要不要引進這一類的外語書籍，對此我並不抱持著反對的態度，只是再三反覆思考，翻譯書的內容固然不錯，但引述的資料並非以台灣為主，如果能寫出一本以台灣為主的未來編年史，追隨著齊柏林拍攝出「看見台灣」的精神，也應該有人寫出「預見台灣」的趨勢書籍，讓台灣這片土地的人們能預先看到台灣未來的模樣，也能預先做好準備，於是我決定開始撰寫本書。

👁 20 萬出生人口開始念大學

因為外來人口不多，觀察歷年來出生人口，就可以知道未來「少子化」對於大學的影響，搭配大學現在總數量的觀察，就可以估算出有多少學校、系所會被裁併，多少教職員工會淪為流浪教師、失業一族。

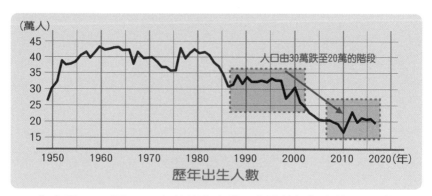

歷年出生人數

先來看 1948 至 2018 年的出生人數：左邊的框框大約是 30 萬的出生人數，其中 1998 年的出生人數降到 27 萬以下，主要原因是小老虎年；右邊框框出生人數於 2005 年之後，進入到不足 21 萬的出生人口，將於 2023 年開始，陸續成為未來的大一至大四生，其中又以 2010 年跌破 17 萬以下最為驚人，也是因為小老虎年的關係。

上圖的兩個框框，可以說是出生人口數從 30 萬快速降到 20 萬的重要發展階段，然後十幾年的時間，一直維持在 20 萬人的出生人口。

這是客觀且可預期的結果，目前的學校數量 153 所（如下圖），暴量的結果應該是為了因應 1976 至 1982 年代出生人數超過 40 萬的「第二團塊」世代，但現在卻已經降到 30 萬出生世代的等級，大學數量的供給已經超出甚多，更何況是迎面而來的 20 萬甚至 10 萬的出生世代。

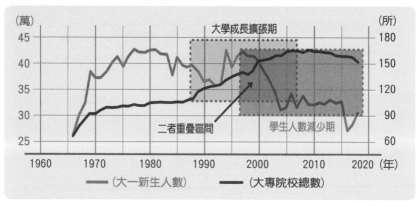

台灣大學成長最快的時候，剛好是人口出生高峰入大學的尾聲，軌道建設最高峰（前瞻計畫），剛好是人口準備反轉的勢頭；一堆聰明的高知識分子因為缺乏數據預測未來的能力，在大學數量最高峰的時候，卻眼睜睜地看著學生人數快速減少，預估 2026 年，大一到大四的學生全部都是 20 萬的出生人口數。

👁 大學系所降低與大學整併

假設先前增加到大約 160 所大學，是為了因應 40 萬的大學人潮，則 2026 年降到 20 萬的大學人潮，大學數量應該降為 80 所，也就是有 80 所面臨招生困難，必須關門、改制，或變成老人安養中心。

不過，筆者認為不至於少那麼多所學校，而是大學或系所減少約三分之一，像 2020 年就有 215 大學系所將停招 [126]；在減少系所的同時，很多學校會設法新增適應新需求的系所，如 2020 年就增設 97 個系所，其中包括醫學資訊與健康科技、生死學、智慧電子商務等迎合時代的系所，然而學生人數就那麼多，新增科系也只會加速淘汰不合時宜的系所。

在大學規模縮小的同時，很多學校、系所也會開始整併，讓資源能夠整合利用，降低營運成本與費用，例如 2019 年高雄大學與中山大學聯姻，陽明大學與交通大學也計畫於 2021 年整併為「國立陽明交通大學」，未來類似情況將逐漸增加。

◎大學或系所減少三分之一
◎大學整併

自 2008 至 2019 年迄今，整體學校數量僅與最高的 164 所微幅下降 12 所學校，轉型退場的速度實在太慢，此種怪異現象也在不動產市場中有類似的情況，目前不動產成交筆數只剩下高點的三分之一，但是價格始終居高不下，如果不儘快降低，屆時痛苦將累積到整體社會難以承受。

👁 高教人才：老的不退，新的進不來

　　同樣地，與不動產市場類似的狀況，不動產需要有人買，大學院校需要有學生來學習，未來大學入學人口將會快速下滑，這表示有三分之一的大學數量或系所數量遲早會消失淘汰，高教人才無法適得其所，將會讓流浪教師、流浪職員增加，沒有學校可以依附。

　　如下圖，大學專任教師、職員等大約 8 萬餘人，自 2013 年開始反轉向下，如果加上兼任老師，則可能高達 12 萬人之譜，若是影響人數達三分之一，將會有約 4 萬人受到影響，連帶許多家庭經濟也受到波及。

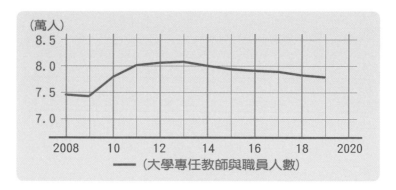

　　上圖只有計算大學的部分，如果連各級學校的專任教師、職員一併計算，如下圖，也早在在 2014 年就開始反轉向下，目前的總人數大約有 37 萬人，以三分之一來計算，大約 12 萬人將失去工作。

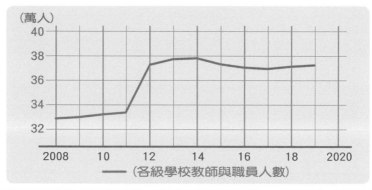

　　除了對這些家庭經濟的影響，高教資源的投資將是一種浪費，由於學校急著辭退多餘的老師，導致空位減少，新血輪又難以在國內大學院校找到合適的教職，只好往海外流動 [127]，也會造成大學教師老化問題嚴重，對國家基礎知識力的培育將是一場長期的災難。

　　更糟糕的一件事情，公立學校知名教授退休後，還可以轉任私立學校或者是到處兼課，更壓縮新血輪找教職的機會；大法官會議第 783 號解釋，更針對再任私立學校職務的限制認為違憲，大者恆大，初出茅廬的研究人員很難在台灣有立足空間。

👁 空置校舍改建安養中心

　　市區建築成本過高，難以興建新的安養中心的困境，但市區市民更有，麥肯錫公司資深顧問的管國霖先生在一場高齡國際趨勢論壇中分享自己 10 年來的經驗，父母從健康、亞健康、部分失能、失能到居家安寧照護階段，深感台灣長照環境面臨許多挑戰，復康巴士從未申請到過，大安區的安養院排隊要排 4 年的時間 [128]。

　　不足的安養中心其實很容易解決，像是台北萬華區老松國小在 1966 年創下 11,110 人在校就讀的紀錄，時至今日，老松國小今年只有 70 多位新生，全校總共 458 名學生，只有當年的 4% [129]。空出來的校舍稍為規劃一下即可出租給長照業者經營，轉型為日照中心、甚至於建立「老幼共學」的環境，像是大同國小於 2016 年成立大同福樂學堂，共用教學設備，甚至於安排一些共同活動，讓小朋友可以學習到老人豐富的生命經驗，老人們也因能獲得陪伴，降低老年失智疾病發生的機率 [130]。

　　況且低價空間的提供，可以降低業者的成本費用，也能夠提高長照人員薪資的空間，畢竟週遭各國都面臨人口老化、少子化的問題，很多照顧事項還無法以機器人或自動化工具所取代，因此搶長照人才成為一個趨勢，尤其是願意提供高薪的日本正是我們長照政策的最大壓力，在高薪、

移民、免費住宿等條件加持下，吸引許多東南亞移工到日本做照護之外，日本照護機構更把眼光放在台灣，不只要挖有經驗的人赴日工作 [131]。

👁 我需要考博士班嗎？

隨著少子化，20 萬出生浪潮的小朋友，逐漸無聲地來到大學，再加上過去幾年氾濫的碩士在職專班、EMBA 班，讓許多人取得了碩士學位，最近更是聽到許多朋友表示當年學校的教授在招生壓力下，為了不讓系所被裁減，到處拉學生回家，這些朋友紛紛接到碩士班指導教授的召集令，希望老學生能返校念博士，想著未來可以頂個博士的光環，還真讓他猶豫再三。

博士要不要念，真的是看個人的需求，目前大學非常缺學生，很多在職專班都招不到學生，甚至於比較沒有市場價值的在職專班，早已出現報名人數遠低於預計錄取名額。即使是排名前面的學校，還是很多系所搖搖欲墜，隨時準備打包關門，因此開放條件讓進入門檻變低，甚至於沒有門檻，只要願意繳學費就可以就學，還有開出很多條件吸引學生回校就讀，這是一個「洗學歷」的時代。

除了「洗學歷」之外，真的有需要念碩、博士嗎？

①擔任教職：念完博士是否會提高自己的競爭力，如果想要擔任教職，在國內教職機會不多的情況下，西進或轉進其他國家成為不得不的選擇。然而，這些想要重返學校就讀的老學生，大多40歲上下，這面臨上有高堂老母，下有子女嗷嗷待哺，是否能夠專心修習完博士學位，並且在畢業後隻身前往還是舉家搬遷至他國擔任教職，這都是未知之數，應審慎思考之。

②學習研究能力：我念了兩個碩士、一個博士，整理資料、分析研究是我最大的獲利，透過這些研究技巧，也讓我能夠分析資訊並從中過濾出重要的異常點，並抓到未來的趨勢，或者是找出政府現行制度的病徵與解決之道。

③擴張高階人脈：有一年跟著李昌鈺博士前往沙烏地阿拉伯參加鑑識會議，當天晚上在沙國傳統的大帳篷中與其他國家的朋友互動，一交換名片發現這些來參加的朋友幾乎都是博士，而且中東人似乎特別熱愛博士這個頭銜，如果你沒有博士在那邊會比較難受到尊重。雖然我認為博士未必有能力，但如果想要在中東地方發展，擁有一個博士頭銜可能還是必要的門檻，這一個經驗可以供大家參考。

[*2026* 老人超過 20% 的超高齡社會]

👁 老人的崛起

◎以前捷運一節車廂只有幾個博愛座，你是否有想過未來搭捷運時，整個車廂都是藍色的博愛座。

◎以前有所謂的敬老票，參觀博物館、動物園可以打個很大的折扣，你是否想過未來參觀博物館、動物園時，老人不打折，只剩下稀少的學子打對折。

◎走進麥當勞，櫃檯的服務生不是小姐而是 75 歲的老先生。

　　或許這種場景早就已經出現在你我的身邊，公車、捷運早已經是滿滿的長者，只差椅子的顏色沒有換成藍色。日統客運公司於 2017 年因不堪 1 年上千萬元的虧損，加上政府未能補助，決定於 2018 年取消老人半價優惠票 [132]。畢竟客運公司並非如政府官員口中的功德事業，不能老是虧損，尤其是老人比例逐年上升，一直靠業者自行吸收，政府該到位的補貼沒到位，小小的客運事業當然也撐不下去。

　　人口結構即將老化的議題，多年來已經是全民的基本常識，可是政府與社會該如何面對，反應卻相當遲緩，台灣業已於 2018 年邁入「高齡社會」，也就是說老年人口將超過 14%，2026 年很可能衝破 20%，成為「超高齡社會」[133]；當某種年齡結構的老人過多，將會影響政府政策的正常運作。這句話是怎麼說呢？

一家上市櫃公司，持有 **15%** 的股權還未必能掌握一家公司，但持有 **20%** 的股權，再收購委託書一下，不需要過半，就能掌握一家公司。未來的世代，**65** 歲以上的老人比例超過 **20%**，選舉時的聲量與影響力也將與日俱增，如果大多數的老人無法靠自己謀生，無法持有足夠的資產讓自己在壽命不斷延長的未來中安享晚年，就會成為社會的負擔，並靠著手中的選票提出整體社會難以承擔的要求，例如老年人的高額補貼、免費搭高鐵等讓社會負擔沉重的選舉支票，這當然會導致年輕世代的不滿，將很有可能會造成「世代對立」。

👁 1,245 元的計程車資

●搭錯車的老爸

某天一大早，正開車上班的途中，拐個彎就可以來到辦公園區，忽然電話聲響起，一看是安養中心的來電，心想不知道又發生了什麼事情，失蹤、不吃飯、吵架？接起了電話，對方傳來了長照員的電話：「錢先生，你父親一大早搭錯車，跑到台北榮民總醫院去了，那邊的替代役男有其他的工作，等下車子到了北榮沒辦法陪伴你父親，現在是否可以來開車載你父親回來？」

「沒問題，我立刻過去，但要怎麼與替代役男聯繫？」

「我幫你問一下替代役男的電話跟現在的位置？」

「好的，麻煩妳了。」

（電話掛斷中，心中充滿了忐忑不安，過一陣子電話才響起……）「錢先生，等下到了北榮，我請替代役男叫一輛計程車把你父親送回桃園，你就不必跑一趟，這樣子安排好嗎？」

心想只要錢能解決的問題，我也不必再請假，花很長的時間跑一趟，連忙回答：「好的，沒問題。」

一切順利，父親平安回到安養中心，自己戲稱老爸一大早執行了迷

航之旅，只是單程 1,245 元計程車資。這一筆開銷可能是一般勞工的單日所得，不可謂不大，可是權衡得失，又屬於不得不花的費用，這讓我想起，這幾年老人數目將快速暴增，是否有足夠的資源能提供這方面的服務？

或許有人會說怎麼不讓父親自己搭公車回到桃園？

會提出這種疑問的朋友很少，但也不能說沒有，聽到這樣子的質疑有時候很無奈，曾經走失在安養中心附近 1 公里的老爸，完全無法判斷東南西北，餓著肚子在車流穿梭的馬路旁來回走著，直到隔壁安養中心的警衛發現才順利回到了家。對於這樣一位已經輕度失智的老人，如果讓我父親從台北榮民總醫院搭車回去，不知道哪一天才能順利回到桃園啊！

●計程車接送的市場規模

2026 年，台灣將成為超高齡社會，也就是 65 歲老人占 20% 的人口比例，相較於 2018 年才 14% 的「高齡社會」，預計只花 8 年的時間就能達到世界前幾名最老化的國家之一。

大約是 72 歲以上，將會邁入需要照護的年齡，依據國發會人口推估的統計數據，2020 年 72 歲以上接近為 190 萬人，占 8.04%，可是 2026 年，將來到 266 萬人，占 11.3%，更遑論 2065 年 520 萬人，占 29.9%，幾乎是每 10 個人就有 3 位是 72 歲以上的老人。

目前政府提供的老人接送服務，並不是那麼方便，不但要提早預約，可能還要達到幾人才願意出車以降低成本；相對而言，計程車就比較彈性，

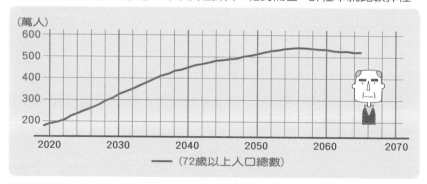

(萬人)
—— (72歲以上人口總數)

只要有錢就可以出車，而且是點對點的服務，對於行動不便的老人且少子化無人照顧的社會來說，是很重要的選項之一。

讓我們來算一下這一個市場的規模，2026 年 266 萬的 72 歲以上老人，如果以年度有 10% 使用計程車的服務，每月 2 次，1 年的服務次數為 24 次，總使用人次為：

266 萬 ×10％ ×24=638.4 萬（人次）

接著來評估每次的服務價格，主要有計程車資與陪同費用，假設 2026 年的陪同費用為每小時 200 元，4 小時計算 800 元；此外計程車資來回大約是 500×2 為 1,000 元，總計 1,800 元。

6,384,000(人次)×1,800(元 / 次)≒ 114.91 億元

這算是少數會成長的營業項目，將會逐年擴增，預計 2065 年將會來到 150 億元的規模。這也難怪台灣大車隊（股票代號：2640）提出「陪同就醫服務」，以其計程車同業市場規模占 20%，以及每次服務公司抽 10% 的費用來計算：

114.91 億元 ×20％ ×10％≒ 2.29 億元

2.29 億元，占其目前 2017 年營收 18.8 億元的 12.18%，2065 年會增加到約 3 億元的規模；況且隨著少子化的浪潮逐漸發酵，考量到目前照護的人力已經不足，類似的需求只會增加，而且價格還會提高，成為一項企業穩定的獲利來源。

👁 不可承受的 500 公尺

父親因為常常找不到餐廳、跑錯房間、言語不通與人衝突，以及曾經發生失蹤等狀況頻傳，最近要升級住進失智區；以我父親的狀況，如果沒

有人陪同，根本不可能讓其走出園區，這在老人圈是很常見的現象，更遑論舉步維艱，推著輪椅、拿著拐杖，一步一步地在崎嶇不平、雜物甚多的馬路上行走，是一件多麼困難的事情。

常常看到政府的思維是只要在各村鎮佈滿服務點即可，但實際上是許多老人需要的是點對點的服務，也就是從家門口到目的地門口的服務，甚至於到了目的地還需要有人陪同。所以，服務據點多只是對行動自如、頭腦清楚的老人很方便，但是對於許多行動不便或失智症等老人來說，近在眼前的服務據點還是一個難以走到的目的地。

對於點對點的接送、陪同服務，政府應該要協助培訓，讓這些服務的司機、長照人員有專業能力協助老人平安完成；隨著老人化來臨，稅收想必會減少甚多，在沒有增稅的前提下，政府要及早進行財務規劃，不應該亂花錢，像是前瞻計畫或者是亂蓋電廠，把老本都花光了，等到滿是老人的時代來臨之際，想要補貼老人搭計程車都沒錢了，只剩下貧窮老人無助的眼光、支付不起計程車，看著僅僅 500 公尺遠的服務據點，只剩下心中幻想已經跑步到服務據點的淡淡哀傷。

👁 口袋最淺的世代

1976 至 1982 年間，正是國內出生人數幾乎都超過 40 萬的「第二團塊」（如右圖的色框）。此一團塊的朋友念書到甫畢業的時間，陸續遇到 1997 年亞洲金融風暴、1999 年九二一地震、2000 年網路泡沫、2001 年 911 攻擊事件、2003 年 SARS，才剛要翻轉人生，房地產卻逐年上揚，還沒來得及買房子或者是說希望等下跌再買房，卻一路噴漲不回頭。

2008 年金融風暴讓「第二團塊」的朋友嚇得吃手指。驚魂未定之際，有勇氣的就買了房，但大多數的朋友都在海嘯覆蓋下，領了一張無薪假的空白薪資條，暫時騎腳踏車環島去了；沒想到，還不到 1 年，全球股市、房市在各國大印鈔票之下，又立即翻轉噴出，很多「第二團塊」的朋友買房子剛好買在泡沫的高點。

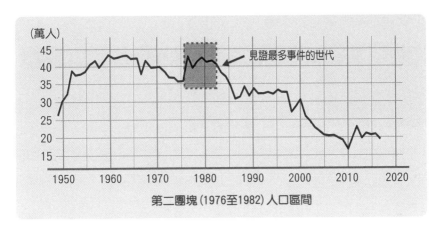

第二團塊 (1976至1982) 人口區間

哪一個年代出生的人最悲情?我看是七年級生當仁不讓了 [134],但我覺得更精準一點來說,應該是「第二團塊」的世代。

此一世代有幾個特點:

①經濟成長逐年降低,導致收入難以快速增長。
②上有高堂老母、下有嗷嗷待哺,支出高、存款少。
③還沒買到房子,房價就已經高漲,房地產買在高點的比例甚高,導致貸款 30 年,退休才還清。
④也有好的機會,網路世代的興起,有跟上的話就能賺錢。

有一次在自己深夜的直播中,以「第二團塊」為對象(1976-1982),中間是 1979 年,現在約 40 歲,於是設定了一個題目「40 歲的第二團塊,65 歲退休,活到 85 歲」,退休金夠嗎?

時間	階段說明
1979	出生
2019	40歲
2044	65歲退休
2064	活到85歲

＊ 1979 年次人生規劃時間表

首先，我設定了退休時應有的三個資產標準：

標準	資產水平	生活品質標準
基本款	流動資產800萬	八里旅遊
尊嚴款	流動資產1,600萬	峇里旅遊
豪華款	流動資產3,200萬	巴黎旅遊

直播中以尊嚴款流動資產 1,600 萬為目標，假設名下流動資產已經有 400 萬元，離目標還差 1,200 萬元。因為設定 65 歲退休，單純以存錢的理財方式來推估（一般民眾不太會投資理財，甚至是愈理財資產愈倒退），每年大約要存上 48 萬元。

48 萬這個數字，很多人一看到連連搖頭，在收入低、支出高的世代，還有占收入三成的高額貸款，以及照顧家人的龐大負擔，每年能存下 10 至 20 萬元，就已經是相當緊繃了。

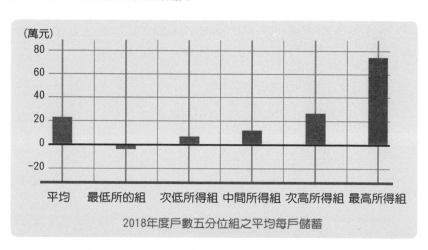

2018年度戶數五分位組之平均每戶儲蓄

每年能存個 20 萬元，參照上圖表，就已經超過全國 70% 的朋友，而且上列資料是家戶所得，如果是個人所得還會更低。以此種累積財富的速度，要多久才能存夠剩餘的退休資產呢？每年 48 萬元的儲蓄金額，可以說是一個蠻遙遠的目標，接近一半的家戶可能連 10 萬元都存不到。

👁 滾雪球的傳世法寶

對於未來希望渺茫的時代裡，大多數的朋友希望學一些投資股票、基金，甚至於操作風險比較高的期貨、選擇權，讓自己資產快速變大，「快賺」變成這個世代的王道。筆者雖尊重個人的投資選擇方式，但認為「快賺」對於大多數的朋友而言，反而會導致慢賺的結果；讓自己無法看遠，只看到短期波動，「貼近屁股看，以為看到了胸部」。換言之，快賺頂多能作為暫時性的策略，無法成為長長久久的理財傳世法寶。

對於「第二團塊」世代的建議，則是除了專注本業之外，可以適度地開發副業，藉此累積本金，這是滾雪球重要的第一步。筆者在《圖解理財幼幼班1：慢賺的修練》一書中[135]，提到滾雪球的概念（如下圖）。

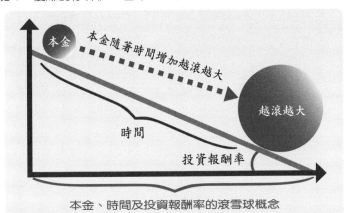

本金、時間及投資報酬率的滾雪球概念

滾雪球有三個要件：本金、投資報酬率，以及時間。本金如同雪球，雪球要愈大，滾下來的效果才會大，例如報酬率12%來算，本金10萬元，每年才1.2萬，換算成每月才1,000元；但如果本金200萬元，每年則是24萬元，換算成每月24,000元，從1,000元的無感變成24,000元的有感。

累積本金的過程中同時累積理財知識，等到比較好的價格，再適時切入投資市場，正確的理財知識得以建立穩健的「投資報酬率」，剩下的就是「時間」，透過時間呈現的複利效應，展現出令人驚艷的成效。

　　只是放眼天下，大多數的朋友找到一兩條似是而非的規則、策略，就以為能透過短時間、高風險的當沖、期貨等交易策略，完成快賺、大賺的夢想，明天就是億萬富翁。

　　可是通常事與願違，如下圖，政府為了衝刺股票交易量而鼓勵投資人交易現股當沖，小資族甚至於不用任何成本，就可以當日買賣股票、賺取價差，殊不知長期趨勢好預判，短期震盪難掌握，即便是五五波的機率，扣除掉交易稅、手續費等交易成本，還有人性上貪婪與恐懼的缺失，想要賺個便當錢真的很難。

年度	買進金額(億元)	賣出金額(億元)	當沖損益(萬元)	當沖獲利率	當沖交易稅	當沖手續費
2014	8,448	8,453	47,997	0.04%	0.15%	0.30%
2015	16,014	16,036	214,354	0.08%	0.15%	0.30%
2016	18,210	18,232	216,739	0.09%	0.15%	0.30%
2017	48,133	48,209	766,115	0.24%	0.15%	0.30%
2018	92,880	93,004	1,241,052	0.46%	0.15%	0.30%
2019	53,814	53,895	809,983	0.27%	0.15%	0.30%

＊當沖獲利率與成本

👁 災難投資法的精神

　　當然，你如果有資質、夠努力，就可以在比裝備、比武器、比速度的當沖市場中成為少數的贏家，但如果恰好不是，就請多看看上述會導致你賠錢的數據。

　　如果你的年齡剛好是「第二團塊」的朋友，又剛好符合本書所說的艱困狀況，口袋裡面只有小資本，面臨著退休沒錢的壓力，就容易想要尋找詭異的快賺偏門，只是這種看起來有機會快賺，長時間下來反而讓自己耗費時間精力，最後又回到原點，依舊在財務困境中爬不出來。

　　筆者建議的方式是先累積大資本，並建立正確理財知識，等待最佳機會切入投資，如同筆者在災難投資法所介紹的一樣，遇到翻倍的機會才能穩穩抓住，而不是一直在賺錢與不賺錢的臨界點中掙扎，最後才有機會達到尊嚴款流動資產 1,600 萬，甚至於更高的退休目標。

[2028 來台旅遊人口破2千萬人次]

◉ 2015 年突破 1,000 萬人次

筆者近幾年來，陸續前往英國、沙烏地阿拉伯、日本等地，每次都發現出國排隊的旅客相當多，機場的負荷能力似乎有點吃緊；要早一點到機場排隊，否則如果發生了突發狀況，可能會來不及搭機，似乎整體旅遊設施對於暴增的旅遊人口難以負荷。我國於 2015 年邁向千萬來台旅客的大關，2019 年約 1,200 萬人次，可預見將在 2028 年達到 2,000 萬來台旅遊人次。（2020 年受 COVID-19 疫情影響，目標達成會有變數）

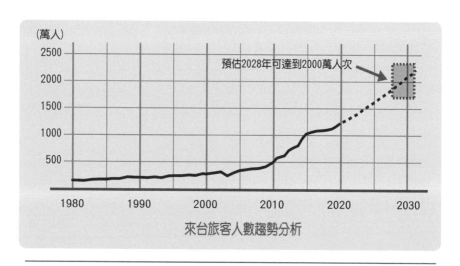

來台旅客人數趨勢分析

👁 大陸來台人次減少戳破泡沫

民間有很多人質疑陸客不來可能會造成旅遊產業的重大負面影響，筆者認為衝擊固然難免，卻會是一個服務品質改善的契機，趁機將因為旅遊人口快速成長所導致的「泡沫」清除掉。

什麼是泡沫呢？

筆者近期到高雄出差的時候，多次住在高雄火車站附近，發現附近小旅館超多，價格當然也就非常親民，一個晚上才 1,300 元，裝潢都相當新，很多是將舊的小旅館「拉皮」，雖然房間小了些，對於出差的商務人士來說，價格與服務算是非常讓人滿意了，只是這樣子的價格能讓旅館業生存下去嗎？當量快速增加就產生價格上的競爭，撐不下去，無法吸引旅客前來的旅宿業者就會面臨殘酷淘汰的命運。

趁著大陸來台旅遊人數下滑、COVID-19 疫情衝擊，讓不斷衝高的旅遊人數稍微緩解，正是我們重新建立更完整的旅遊設施、服務，將多餘泡沫去除的大好機會，等兩岸關係重新燃起火苗、疫情趨緩之際，旅遊人數又再次翻轉向上時，可以用更優質的旅遊服務品質吸引世界各地的朋友。

👁 年輕人亂花錢、愛出國？

徐重仁先生，一位資深且優秀的專業經理人，曾經擔任統一超商的總經理，2012 年卸任，並於 2014 年轉任全聯總裁。徐重仁先生於民國 38 年出生，71 歲，因為業已超過 65 歲，所以可以列為「老一輩」，此一用詞並非不敬，而是嘗試將其分類到本文所提供的一些數據，以利問題的分析討論。

徐重仁先生於 2017 年 11 日出新書之際，被問到年輕人「低薪」的現象，他提到 1977 年在日本工作時，月薪領約新台幣 9,000 元，什麼工作都得做，還要負擔生活費、房貸等支出，但只要努力工作，還是會被老

閻看到得，表達體恤年輕人要耐得住[136]。這番言論當然馬上被眾多網友打槍，找出當時的物價水平，新台幣 9,000 元已經是高薪了。

　　本文不針對低薪這個問題進行討論，倒是對於徐先生發表的爭議言論中，提到「現在台灣的年輕人很會花錢，你到國際機場看，很多年輕人出國，很少看到老一輩的人」。本文不針對出國旅遊這件事情是否正確進行討論，只想瞭解是否真的年輕人出國較多，老一輩出國較少；換言之，徐先生基於主觀認知所發表的言論，是否與客觀事實相符？

👁 哪一個年齡層出國比例最高？

　　以 2018 年為例，觀光局所提供的出國人次統計數據，以年齡層分成未滿 1-12 歲、13-19 歲、20-29 歲、30-39 歲、40-49 歲、50-59 歲、60 歲以上 7 個年齡層，茲將 2018 年度的資料整理如下圖後，其中 30-39 歲的出國人次最多，高達 348 萬人次，接著二、三名依序是 40-49 歲的 344 萬人次、50-59 歲的 300 萬人次、60 歲以上為 265 萬人，接下來則是 20-29 歲排 236 萬人次。

　　只是單就人數來看還是有可能產生誤判，因為 60 歲以上的出國人次雖然少，才 188 萬人次，但可能那個年齡層的總人數也很少，占比反而很高。因此，筆者參酌 2017 年單齡人口，整理如下：

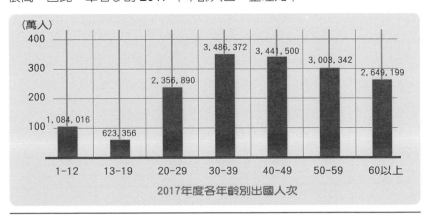

2017年度各年齡別出國人次

年齡範圍	出國人數	人口總數 (107/12)	比例
1-12	1,084,016	2,621,531	41.35%
13-19	623,356	1,744,955	35.72%
20-29	2,356,899	3,150,500	74.81%
30-39	3,486,372	3,666,840	95.08%
40-49	3,441,500	3,709,298	92.78%
50-59	3,003,342	3,642,485	82.45%
> 60	2,649,199	4,805,583	55.13%
總計	16,644,684	23,341,192	72.31%

＊ 2017 年出國人次與人口總數、比例表

　　將以上資料製作圖表，會發現一件有趣的事情，60 歲以上出國人次占該年齡總人口數的 55.13%，使得總排名由第 4 降至第 5。不過 60 歲以上包含的年齡層太廣，有些老人超過 70 歲以上就逐漸不太方便出國。

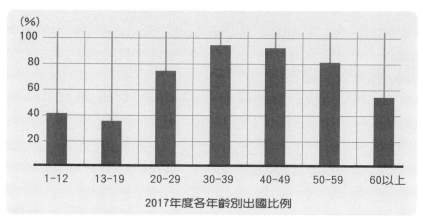

2017年度各年齡別出國比例

👁 人數的錯覺

　　假設你站在機場的中央，看到一堆年輕人（小於 30 歲）搶著要出國（高達 406 萬人），耳鬢花白的老人（60 歲以上）265 萬人，比例差不多，很容易產生一個錯誤的印象，而說出「現在台灣的年輕人很會花錢，你到國際機場看，很多年輕人出國，很少看到老一輩的人」的評論。

　　尤其是 1977 年赴日本工作的徐重仁先生，當時的總出國人次占總人口的比例大概才 3%。一個出生在很少人出國旅遊或洽公世代的優秀人士，等到邁向老年時，看到機場滿滿都是人，而且放眼望去以年輕人居多，自然有一種錯覺。

　　只是各年齡層的出國人口相對於各年齡層的總人口，未滿 30 歲的出國人次雖然高達 406 萬人次，但是總人口高達 750 萬人，出國比例僅約 54%；60 歲以上出國人次 265 萬人次，遠低於未滿 30 歲的出國人次；但因為 60 歲以上的總人口也少，只有 481 萬人，換算成比例就高達 55.13%。

　　換言之，前述評論可能要修正一下，改成「老年人把握出國的機會，還能走就要盡量出國走走；年輕人要多學老年人，趁年輕多去看看世界，不要成為窩在台灣的井底之蛙」。如果跨世代的對話，能以正確的客觀數據為基礎，將能夠更正確地解決「世代對立」的問題。

👁 有沒有投資機會？

　　針對此一議題，網友玉芬提出了一個看法：

> ◎ 2,000 萬人次 × 消費額 3（萬／人）= 6,000 億
> ◎ 6,000 億／10 個旅遊相關產業 = 600 億
> ◎ 600 億／每個產業 1,000 店家 = 600 萬
> Q：其實每間店家分配到的數字不多，真的會有商機嗎？

　　這樣子的算法並沒有什麼不對，屬於「雨露均霑」的分析方法，簡單來說旅遊人客增加，大家一定都會賺到錢。只是實際上並非如此，應該是大者恆大，利潤集中在特定區域與產業，以下針對幾個產業的上市櫃業者介紹一下：

一、平台業者：

你現在訂房還會使用燦星旅遊網（2719）嗎？以前會，但現在都用更方便好用的 Booking. com 等網站，實力差太多，在競爭力沒有反轉前，不建議之。

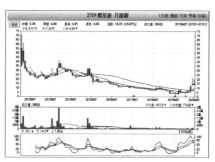

燦星旅 (2719) 月線圖

二、運送業者

①華航（2610）、長榮航（2618）國際競爭太強，淨利率過低，可以先跳過。

②高鐵（2633）因為稅賦優惠，將在 2022 年結束，且政府拍板定案延伸屏東，也會成家營運成本與費用，因此暫時不考量。

③台灣大車隊（2640），可以增加司機帶著來台旅客四處趴趴走的業績，有想像的空間。

④自行車業者，雖然環台公路完成，但沒有看出有什麼顯著可發展的機會。

三、餐飲業

餐飲通常為連鎖商店，個人認為旅客通常是來到知名有特色小店，會到連鎖餐廳的旅客應該比較少。

四、住宿

住宿業者相當多，而且住宿算是旅遊裡面最重要的一環。依據過去我提到的一級至三級的旅遊景點，外國旅客通常以台北為主，搭配其他縣市，此為前提。依據「中華民國 107 年來台旅客消費及動向調查」，來台旅客約停留 6.5 夜，全國住宿費平均約 2,500 元，台北地區則為 3,000 元。

來台住宿消費：0.25(萬元 / 夜)×6.5(夜)=1.625 萬元

其次，依據交通部觀光局 2018 年 1-12 月觀光旅館、旅館業、民宿的營運統計資料，台北地區客房餐飲及其他收入，大約占全國整體 45% 至 50% 之間，若以未來旅遊也有「都市集中化」的發展趨勢，本文以 50% 為計算基準。

類型	客房	餐飲	其他	合計
觀光旅館	25,456,513,469	26,873,217,157		52,329,730,626
一般旅館	56,787,231,966	14,795,570,882	6,989,755,897	78,572,558,745
民宿	225,262,414	10,411,717	5,447,849	241,121,980
三種合計	82,469,007,849	41,679,199,756	6,995,203,746	131,143,411,351

＊ 2018 年全國三種旅宿業營運狀況總計

類型	客房	餐飲	其他	合計
觀光旅館	13,347,310,897	15,138,755,191		32,587,710,783
一般旅館	22,194,997,740	5,282,933,485	3,262,384,011	30,740,315,236
民宿	10,847,633	727,560	554,004	12,129,197
三種合計	35,553,156,270	20,422,416,236	3,262,938,015	63,340,155,216
占整體%	43.11%	49.00%	46.65%	48.30%

＊ 2018 年台北地區（台北市＋新北市）三種旅宿業營運狀況總計

> 1.625（萬）× 增加旅遊人口 800（萬人）×50% = 650（億元）

以晶華（2707）為例，依據 2018 年觀光旅館營運報表統計資料，住房率約 80%，住房與餐飲營收約 33 億元，占上開台北地區（台北市＋新北市）三種旅宿業總收入 650 億元的 5.24%。

> 晶華 2028 年增加營收：650（億元）×5.24% = 34（億元）

所以，2028 年應該有機會增加約 34 億元。近幾年營收約 65 億元計算，成長性約有 52.3%；當老人化、少子化的浪潮來襲時，我們必須要

從趨勢中挑選比較有機會成長的企業，並考量企業發展是否有跟上趨勢的腳步，來調整投資的決策。＊註：股價影響變數甚多，以上分析僅供參考。

[2028 嘉義永賢村－極限村落]

👁 聽不到嬰兒哭聲的極限村落

「這裡已經 10 年、20 年沒有聽到嬰兒誕生時的哭聲了。」這是藤田孝典在日本各地巡迴演講時，曾經聽到的一句話。在 2011 年的調查顯示，日本有上萬個極限村落，高達整體村落的 15.6%[137]。從政府的角度來看，由於鄉村規模縮小，必須考量是否要裁撤公共設施，諸如醫院、學校、巴士，甚至於連一名員警都不駐守等，當公共服務逐漸減少，人民會更快速地離開這個地方，結果是惡性循環導致村莊消失，或必須與其他村落整併、村民遭強制撤離。

日本鄉下社會，貧窮是一種常態，而不是特例。或許可以往好處想，鄉下可以種菜、養雞養鴨維生，根本不必擔心沒錢這件事情。可是隨著年齡的增長，醫療需求與日俱增，不再是單純實務需要的問題；由於鄉下醫療資源不足，必須要搭車到很遠的地方就醫，當高齡長者還走得動時，一拐一拐地走到醫院並沒有什麼困難，隨著行動逐漸不方便，就需要靠左右鄰居的幫助，可是左右一看，鄰居又都是坐在門前老榕樹下的老人時，能提供什麼幫助呢？

從藤田孝典對於極限村落現況的描述，日本的社會保障服務並不健全，必須依賴村民互相幫忙來解決，日本如此，我國應該更是如此。底層長者安享晚年的生存權利被剝奪，無力善終，可能淪為孤獨死的悲歌，會

時時在報章雜誌的一角吹奏而起，這一股聲音會逐漸播放出去，瓦解民眾脆弱的安全感，更會製造社會跨世代的對立與不安。

👁 偏鄉退休計畫

上次選舉期間奉派到金門執行任務，聽到分派到其他縣市的同仁忙得要死，身處於離島的金門案件數量比較少，大多數時間都是待命中。金門有著名酒廠，地方政府因為賣酒的收入，也讓財政收入荷包滿滿，可以有足夠的經費讓整片土地不像是一般戰地的荒涼，而有著綠草如茵、遠離塵世的神仙小島。

雖然當地很無聊，才去兩週，但晚上沒地方跑，只好夾娃娃、逛燦坤，到二手書店打打電腦，可是空氣清新、步調緩慢，心想還真是退休的好去處；任務結束後，回到台灣開始打探這些世外桃源，像是花蓮、台東等地。

一邊找著資料，心裡想著退休呼吸著新鮮的空氣，腳步不再像是現在那麼緊張，假日也不會收到老闆的 Line 訊息：「明天中午前交一份報告給我。」翻著資料，突然看到一篇有關壽命的文章，其中有許多篇文章居然提到「台東最短命、台北最長壽」。

奇怪，這一段話是不是寫反了，怎麼跟我的想法相反？

依據內政部分析 2018 年六都平均壽命，台北市民平均壽命為 83.63 歲，持續穩居六都第 1，其餘依序為新北市、桃園市、台中市、台南市及高雄市。至於有新竹科學園區的新竹市，平均壽命為 81.1 歲，而全台灣最低的則是台東縣，平均壽命僅 75.79 歲，台北市民與台東縣民的平均壽命，高低差居然有 8 歲，到底發生什麼事情？

平均壽命與交通是否便利、醫療資源是否充足息息相關，此外，還包括生活作息，例如飲食均衡、運動習慣等。不過，南北地區居民壽命出現明顯落差，東部偏低的現象，都值得政府重視。

看來我的偏鄉退休計畫要改變一下了。

👁 台灣的極限村落：永賢村

　　這是位於嘉義縣六腳鄉，是雲林縣與嘉義縣交界的小村落，依據政府網站的介紹，村名是希望後代子孫永能聰賢。從 Google Maps 來看，整區以稻田為主，穿插著低矮的平房，道路狹小，算是典型的偏鄉村落。

　　2017 年 6 月，那時我分析了地方鄉村的人口數據，發現嘉義縣的永賢村全村 540 人，65 歲以上老人 189 人，高達 35%。從人口結構來推估，5 年後 65 歲以上老人將達到 42%，10 年後 48%，預估 12 年後，也就是 2029 年將會突破 50%，成為「極限村落」俱樂部的成員，也就是 65 歲以上老人超過 50% 的村落。

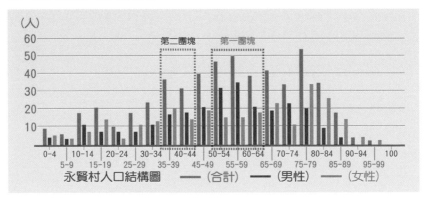

　　如上圖，特色虛線框主要是第一團塊（1955 至 1965 年），黑虛線框主要是第二團塊（1976 至 1982 年），此二團塊出生人口數幾乎都在 40 萬人以上。一般來說第一團塊因為年紀較大，逐漸死亡凋零，人口數應該會略低於第二團塊，可是永賢村卻是第二團塊小於第一團塊的人數，應該與人口外移有關。

　　0 歲至 14 歲的幼童僅 33 人，占全村人口的 6.11%，如果持續發展下去，不但是老年人口占 50% 以上的極限村落，未來此一村落將可能面臨併村、廢村的命運，如同藤田孝典在日本各地巡迴演講時，曾經聽到的一句話：「這裡已經 10 年、20 年沒有聽到嬰兒誕生時的哭聲了。」

　　筆者的專欄中曾記載自己的研究，成為＜預見台灣 2050 年＞的系列文章之一：台灣也將有極限村落？我們等得到「超級公務員」嗎 ?![138] 時隔 4 個月，也就是 2018 年 3 月初，陸續一堆媒體報導永賢村，像是「六腳鄉永賢村被稱為極限村，村長：應改稱長壽村」[139]、「全國老化指數最高嘉義永賢村老年人占 35%」[140]、「最年輕 60 歲！嘉義永賢村 10 年僅 14 個新生兒」[141]，光是 Youtube 的媒體影片就有十幾則。

　　很高興自己的數據研究可以受到數十篇媒體的重視與報導。筆者也在 4 月初實際走訪一次，當時適逢清明掃墓節，從滿是推著輪椅乘涼的廟口，走到已經廢校的國小，讓我驚訝的並不是聽不到嬰兒的哭聲，而是雖然已經滿是蜘蛛網的國小，卻有 5、6 位小朋友在打籃球。

　　難道數據錯了嗎？難道報導呈現的是假象嗎？看到校園車棚旁邊有位國小五六年級的小女生，自己拿了顆球在玩，筆者走上前，向這位小女生打探了一下，詢問她是住這附近嗎？

> 小女孩帶著羞澀的笑容點了點頭。
> 繼續追問：平常就住這邊嗎？這邊的國小不是廢校了？
> 小女孩回說：最近清明連假回老家。

　　回頭一看在籃球場上的小朋友，恍然大悟，原來這些小朋友並不住在這邊，而只是假期返鄉探望老人家而已，看著遠方一位老伯撐著拐杖，一步一步地拖著沉重的步伐往家中走去，人口移往都市後的村落，只剩下老人與時間的寧靜。

👁 極限村落的翻轉希望

　　高野誠鮮曾寫了一本翻轉極限村落的著作《給羅馬教主吃米的男人：拯救人口稀少的村落的超級公務員做了些什麼事呢？》，這一本書於 2015 年還被 TBS 翻拍成夏季劇《搶救拿破崙之村》。

　　高野不但是日蓮宗僧侶、立正大學客座教授、金澤大學理學部講師、

UFO專家，更是國家公務員。因為繼承家業不得不硬著頭皮回到人口稀少的鄉村當和尚，但因為難以維持溫飽，只好到羽咋市公所兼差擔任約聘職員，還參與「地方營造」的講習。

雖然講習通常都是虛應故事，高野誠鮮卻很認真面對，開始探訪鄉親，並翻閱古老的鄉土誌，尋找屬於羽咋市的在地特色，還自費影印一本「羽咋金氏紀錄」，由鄉親擔任主角，自己來填寫家鄉最棒的事物。在閱讀古書中，偶然地發現當地曾有發現UFO的一段紀錄，書中描述「仿如草帽般飛行物」。由於自己曾經是UFO的專家，更以此題材推出「UFO烏龍麵」而引發媒體關注[142]。

高野持續發揮天馬行空的怪點子。有一年，神子原村大豐收，而且是新品種，高野誠鮮就扛著45公斤的新米，親自送到東京梵諦岡教廷的駐日大使館，懇請大使將這一批新米轉交給羅馬教宗，梵諦岡駐日大使欣然接受，並向高野誠鮮表示「神子原村只有500人，梵蒂岡是個只有800人，世界最小的國家，就讓我來當彼此間的橋樑吧！」

這個與梵蒂岡的橋段，引發媒體瘋狂追捧，神子原米變成名牌米，引起搶購潮，高野誠鮮不服輸的精神，振興了神子原村。即使是一位過著平淡無趣的約聘公務員，只要有心，還是可以成為極限村落的救星。

👁 尋找極限翻轉的可能：姚虹飴的地方創生之旅

1951年總生育率為7，到了2011年總生育率只剩下1，經過了60年，從7人到1人戲劇性變化，許多村落迎接不到新生兒的出現，卻要等待著老人的離開，村裡那棵大樹底下乘涼用的椅子，坐著稀稀落落的老人，時光似乎停止中，不再前進……

只是人生總是充滿著希望，一個看似廢村結局的極限村落，還是有翻轉的可能，如同神子原村只有500人，透過高野誠鮮的創意發想，找回了新的生命力；永賢村也只有500人，希望也會出現一位有志之士，能發揮想像的極限，讓這些村落能突破極限，重新找回生命力。

　　2019 年是「地方創生」元年，從日本的經驗來看，這個主題將會成為很多廢村爭議過程中的解決藥方，只是翻轉地方人才很不足的今天，是否能夠找到類似高野誠鮮充滿熱情的人物呢？

　　我有一位群友——姚虹飴，也跟我學了一段時間的數據分析，本來是在鄉下市場賣菜的一位村姑，這樣子稱呼似乎有點不禮貌，好吧！稱之為小姐姐。對於地方人物觀察細微的她，時常拿著相機到處採訪並撰寫 < 雲林地方人物誌 > [143]。她常常會拿著文章來問我的意見，我也給了許多建議，像是減少抽象的形容，增加具體的描述，像是很漂亮就不要只是說很漂亮三個字，而是可以加上一些細節性的描述。舉個例子來說：

　　放完暑假後，小姐姐頭髮似乎是燙直，與放假前判若兩人，髮梢完全沒有打結；不知道是不是因為太筆直，原本還可以遮掩住臉上斑斑點點的捲曲頭髮，現在居然隱約地可以看到耳朵旁邊的痘子。這幾個呼之欲出的痘子出於一位年近五十、滿臉皺紋的臉龐，還真讓人覺得不搭調。

　　這位賣菜的小姐姐不只是寫文章，沒有什麼資源的她，想方設法地把自己的理念在各種平台中呈現，像是投稿地方刊物，或者是完成社區採訪文章，並且開始注意「地方創生」的議題，久而久之，因為懂這些的人畢竟是少數，光芒自然而然不會被遮掩住，現在也正在雲林虎尾北溪社區的地方社團服務。

　　一個未來的趨勢稍縱即逝，老人化社會固然會帶動整個社會經濟的下沉，但看對趨勢還是可以讓自己浮出水面，「地方創生」聽起來很無趣，但卻是一個地方鄉鎮很基礎的改變機會，相信很多如同姚虹飴這位賣菜的小姐姐，願意為家鄉付出的在地專家將會一一的浮現，一起在這條艱困的道路上找出改變之道。

[2030 房地產崩盤]

👁 購屋主力 27 至 41 歲的變化

　　哈利・鄧肯於其著作中提到 27 至 41 歲會進行購屋，筆者也曾經針對網友進行調查，發現想要購屋的年齡都差不多，當畢業後一段時間，交了女友有打算結婚的念頭時，就會開始籌劃購屋。

　　雖然目前因為念書時間延長，進入職場的時間較晚，所以平均結婚、生子年齡較晚，27 至 41 歲的區間應該稍微延後，但為了文章寫作的一致性，在此仍沿用 27 至 41 歲作為分析的範圍。既然知道了這一個區間，就可以回推現在是哪一個區間出生的人為購屋主力，也可以推算出未來 10、20 年的購屋主力。

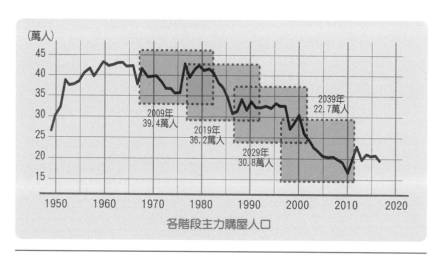

各階段主力購屋人口

本章節還是使用出生人口作為分析的基礎，整理資料如下：

2009 年，購屋主力是 1968-1982 年的出生人口，年均 39.4 萬人
2019 年，購屋主力是 1978-1992 年的出生人口，年均 36.2 萬人
2029 年，購屋主力是 1988-2002 年的出生人口，年均 30.8 萬人
2039 年，購屋主力是 1998-2012 年的出生人口，年均 22.7 萬人[144]

可是上述資料只有四個時間點，於是又以此概念為基礎繪製出一條各年度購屋主力的趨勢線，如下圖：

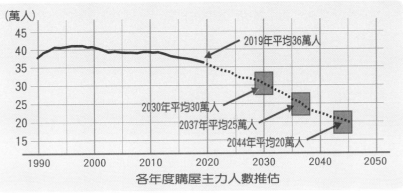

各年度購屋主力人數推估

由上圖購屋主力的數量往下滑的趨勢移動，如下：

2019 年，年均 36 萬人的購屋等級。
2030 年，年均 30 萬人的購屋等級。
2037 年，年均 25 萬人的購屋等級。
2044 年，年均 20 萬人的購屋等級。

所以，關鍵時間是 2030 年，將是目前 83% 的購屋需求量，接著每隔 7 年，需求將減少 5 萬的需求力道，所以到了 2044 年，單純從人口的單一因素角度切入的購屋需求力道，只剩下現在的 56%，近乎腰斬。

◉ 少數人領著大筆遺產

我最近身邊的同事都陸續買房，動輒貸款 800、1,500 萬的房子，以目前的薪水來看壓力很大，因此大多貸款 20 年購屋，甚至於貸款 30 年、40 年，壓力非常的大，等到退休才差不多把貸款還完，平常有沒有多餘的錢可以投資，還真是不敢想像。

這個世界不公平之處，在於投胎投得好，父母早就買了兩三間房子，一個小孩幫忙準備一間，多的拿來出租，租金可以讓大家輕鬆過好日子。更重要的是下一代生得少，只要等繼承即可，一輩子少了上千萬的購屋支出，可以有更寬裕的資金讓自己過更好的生活；換言之，投胎投得好的下一代具有下列三點特徵：

> ①死亡人口逐年增加。
> ②死亡時，被繼承財產應該也是成長。
> ③繼承人數卻是愈來愈少。

舉個例子比較好瞭解：假設有 100 個人，1936 年生，在 2016 年死亡，留有 35 間房子，生了 200 位子女，平均每人分到 0.17 間房子；到了 1956 年出生，假設有 200 人，在 2036 年死亡，留有 100 間房子，生了 240 人，平均每人分到 0.42 間房子。

區間	人數	子女數	遺產	每人繼承數
1936~2016年	100人	200人	35間房	0.17間
1956~2036年	200人	240人	100間房	0.42間

＊不同世代繼承房屋預估數量

所以 20 年後的繼承流量，依據筆者個人推測可能高達 3 倍，而每人繼承的單位量，大約是 2.5 倍。如同皮凱提所言：「財產繼承權有可能在二十一世紀再次扮演重要角色，足堪比擬它在過去的地位。」[145]

繼承集中化：贈與及繼承之移轉筆數

　　如果你繼承了一間房子，位於你的上班地附近，這會不會影響你購屋的慾望呢？很多老一輩的人，早就替下一代想好了，胼手胝足一輩子，買了好幾間房子，只是要留給下一代。姑且不論下一代會不會太安逸的問題，至少在某種程度上因繼承而影響購買不動產的意願是可能存在的。為了探究繼承的影響，從內政部不動產資訊平台中的「住宅移轉筆數依登記原因區分」資料，可以查到每一季因為各種原因的移轉筆數資料。

　　之所以將贈與及繼承一同計算，主要是因為在探討「繼承流量」的時候，財富從上一代移轉到下一代，除了繼承之外，還有贈與。如同皮凱提書中所述「透過贈與移轉資本，幾乎跟透過繼承移轉資本一樣重要。」[146]

　　如第一次買賣＋登記圖，如果以全國平均數來看，金融海嘯前後，大概是國內房地產的高潮；自此之後，分別代表預售屋與中古屋的所有權第一次登記與買賣的數據，兩者相加的總和不斷下滑，如圖中的黑色線，最低數字（2017Q1）幾乎只剩下最高者（2009Q3）的大約四成。

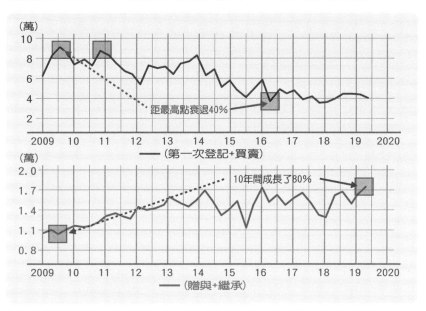

在贈與 + 繼承的圖中，顏色的走勢線，則與第一次買賣 + 登記的筆數呈現相反的走勢，從 2009Q3 大約 10,000 筆，今年第一季已經約 18,000 筆了，足足成長了 80%，代表「繼承集中化」仍在持續進展中，未來隨著死亡人口數的上升，即將邁向 30,000 移轉筆數邁進，可預見的 10 年、20 年之後，「繼承 + 贈與」的移轉筆數甚至會超過「第一次登記與買賣」的移轉筆數。

所以前面提到 2044 年的購屋主力來看，購屋需求只剩下現在的 56%，近乎腰斬，但未來加上「贈與 + 繼承」因素的影響，可能購屋需求會降低到現在四成以下。換言之，即便「都市集中化」持續發展中，但「繼承集中化」會減緩一些購屋需求的壓力，再加上「重劃區」遍地開花，讓都市房屋需求壓力更形減緩。

👁 日本橫須賀的不動產市場

10 萬日幣的日本滑雪度假村，你敢買嗎 [147]？（如右頁上圖）[148]

1987 年原田知世主演的電影「帶我去滑雪」，帶動了雪地度假公寓的風潮，電影中提到湯澤町，是當時知名的滑雪度假村。時至今日，當地渡假村為何被賤賣？主要是持有成本大增，在 1980 年代前半，湯澤、苗場等地開始出售許多為了滑雪客造的新築公寓大廈，每戶 3000 萬至 5000 萬日圓，許多東京人爭相搶購，可是日本維護房屋的成本很高，除了一般台灣公寓大廈也有的管理費、稅金，還有「修繕積立金」，也就是未來重大修繕時所要花費的費用；此外，還有一次性的特別積立金、水道基本料等 [149]。

因此，許多人發現自己根本 1 年沒去滑雪半次，可是這些費用卻一毛也不能少，於是紛紛拋售，但有誰敢接這種爛攤子？寧願住高級飯店，4 晚頂多就 4 萬日圓，買這些滑雪宅，1 個月要 1 萬 5 日圓左右的成本，1 年就 18 萬了，怎麼算都不划算。

隨著 10 萬日圓滑雪宅的震撼，之後又陸續看了一些日本書籍與網路報導 [150]，提到日本軍港橫須賀的空屋數量太多，年久失修，不但有礙景

觀，房屋買氣更是慘不忍睹，即使政府推出各種補助措施，處理空屋的立法 [151]，改善的幅度還是有限；除了市中心之外，很多地方都成了荒廢小鎮 [152]，由於報導太傳神了，於是安排了一個短期行程親自跑一趟。

　　橫須賀市算是一個蠻乾淨的海邊小都市，距離東京大約 1 個半小時可到，但小心不要搭到每站都停的電車，那可能太陽下山還不知道會不會到。到了橫須賀市，一出車站門口，簡潔的街道、五臟俱全的購物中心，行人很少，有點兒像是中壢市街頭的型態，雖然並不寬敞，但日本人街道可是有名的平整與乾淨，還是有著一股很舒適的感覺。

　　依循著日本房屋仲介網（athom.co.jp），倒沒有找很偏遠山區的老房子，畢竟第一次來，還是以市區的標的為主；尋覓幾間設定好的老屋，一到現場，發現即使到了橫須賀市日本的老屋還是保養得很好，從外觀來看，跟台北市的新屋根本是一模一樣。

（請參考 Google Maps 連結，如右方 QRCode）[153]

　　經過計算的房價，相較於淡水地區顯然更便宜，走路 10 分鐘就可以到車站 [154]。

　　接著還搭船到距離岸邊僅有 10 分鐘船程的「猿島」，整個島嶼維護得非常好，從一開始長長的遊艇港口，鳥在空中振翅飛翔，但力道與逆風

相抵銷，呈現一種空中停滯的美景，一直到島嶼中的防空洞、砲塔、彈藥庫等歷史遺跡，大約 1 個小時就可以走完全島。

（請參考 Google Maps 連結，如右方 QRCode）[155]

日本屬於島嶼大國，除了東京、大阪、北海道等知名景點外，小島觀光也是一個潛在開發的資源，只是人口逐漸稀少老化的國家，整個島嶼是一個想消費也沒人在賣紀念品的無人島。

日本人口老化嚴重，金融海嘯之後，整體人口總數也反轉向下，一個曾是繁華的東京附屬都市，雖然維持了都市中心的基本功能與外觀，但已經感受到人口壓力，加上人口密度只有台灣的一半，橫須賀市這類型的地方，即便有美軍撐腰也難掩頹勢。台灣人口反轉向下的時間，與日本大約差距 15 年，也就是 2023 年前後，台灣恐怖之處在於人口老化速度更快，對於許多蛋白區的小鎮而言，恐怕也將面臨極大的人口空洞挑戰。

👁 能古島的中學生

在能古島的旅程中，筆者想理解這種小島的學生會不會愈來愈少，但 12 月的風實在太大，只好當名純遊客，然後搭船回福岡。運氣很好的是，在回程的候船處發現很多當地工作的朋友都不是島上居民，而是來自福岡市區；此外，還遇到當地國中學生，經過國中小妹妹的熱心解釋，能谷島國小約 100 人，國中約 50 人，國中小正在整併，學生沒有愈來愈少的現象，人數都很平均，但當地學生很少，大多是外地搭船來念書的學生。

問他們為什麼回來到能古島念書？小妹妹猶豫了很久，也問在旁邊一起來能古島念書的哥哥，最後說出的答案是覺得好玩，她與哥哥都在羽毛球隊，來到這邊可以打羽球，然而是不是真的只是為了好玩，有沒有其他答案，因為無法一一地詢問許多當地念書的學生，這一個疑惑留在心中，但還是覺得可能有其他原因……

例如我國所實施的「繁星計畫」，使得偏鄉優秀的學生能夠爭取國內頂尖名校就讀的機會；或在偏鄉念書有一定的補助或獎勵，讓許多學生願意每天搭船到能古島就讀，除了好玩之外，還可以有許多附帶效益。

👁 五大因素壓抑房地產

如果單單從人口結構來看，筆者認為供需平衡只會愈來愈慘，短期看不出有反轉的跡象。如果再加上繼承集中化、重劃區創造出的短期供給量，房地產價格與所得之間的高度落差，政府稅收不足於是向不動產開刀，都看不出來房地產有變好的理由。

①購屋主力逐年減少
②繼承集中化，降低不動產需求量
③重劃區遍地開花，供給量暴增
④青年所得持續不足
⑤不動產稅率上升

房地產價格也不是毫無希望，像是「都市集中化、鄉村空洞化」，偏鄉環境愈差，人口將會往資源較好的都市集中，所以嘉義縣市、雲林縣的人口會往台南或台中移動移動，南投縣會往台中市移動，苗栗縣人口會往台中市或新竹市移動，導致都市蛋黃區如同人口增加一樣，需求不跌反增，導致價格難以下滑。

至於鄉村的部分，只剩下特定知名旅遊景點，或者是特定題材，像是附近有高鐵站、故宮南院附近、準備蓋機場等，才有可能讓人潮不外流，維持一定的不動產需求量。因此，各位看到這邊，大概會覺得不動產價格毫無機會上揚。

不要悲觀，還是有一些讓房地產價格上揚的因素沒談到，例如印鈔票或其他因素導致嚴重通膨的發生，或者是引進外來人口補強不動產需求的空缺，只是目前這兩項因素發生的機率並不是太高。

👁 如果真的要買，可以買哪些地段？

房子是讓人住的空間，國人傳統的習慣是買下一間房子，有一種溫暖的歸屬感，也不必擔心老來沒地方住。簡單來說，30 歲年齡到了就是希

望能買間房子,找對象也會問你有沒有房子;還在租房子,對方的評價就降了幾分,怎麼可能再等個 5 年、10 年,等到 2030 年房地產明顯價格崩跌時才買房!

因此,許多朋友常問東問西,說現在適合買房了嗎?這個價格便宜嗎?雖然我覺得還是等一等,但對於有需要的朋友,如果真的等不到下一個關鍵時間 2030 年,堅持要在這幾年買房子,筆者挑選了幾個北部的區塊,供各位參考參考:

區域	建議價格	優點	缺點
淡水	20萬以下/坪	有輕軌捷運,也有淡水線捷運到市中心,只是稍遠了些。夕陽很漂亮。	輕軌速度慢、塞車嚴重。潮濕較冷。供給量大,許多社區進住率太低,管理上會有問題。
林口	25萬以下/坪	有機場捷運。環境機能不錯。	機場捷運很慢。風大、較冷。供給量大。
新莊頭前重劃區	35萬以下/坪	雙捷運。環境機能逐步看好,離台北市、新北市板橋區距離不遠。	中間區塊離捷運比較遠。目前供給量大,實際入住人數較少。
板橋江翠北側重劃區	40萬以下/坪	離捷運站、台北市區很近。環境機能未來看好。	才剛逐步興建中,實際上要有生活機能還要等一段時間。
桃園青埔重劃區	25萬以下/坪	有捷運,也可搭高鐵到台北上班。未來航空城規劃成功,將成為重點區域。	搭高鐵費用高。未來發展至少還要10年才可以看出效果,目前生活機能不佳。目前供給量大,實際入住人數較少。

＊建議買房入手區域（房地產價格因素甚多,以上僅供參考）

上述區域偏重於「重劃區」,主要是因為短期供給量較大,比較容易挑到較合理的價格;況且重劃區本來就是要解決市區重新規劃的困難性,所以雖然位置較為邊緣,看起來比較空曠,但如果重劃發展成功,生活機能會比舊市區來得好。

至於大家關心的價格,目前市場平均價格還是偏高,但常常可以聽到許多新聞報導,提到少數個案跌到破盤的價格,未來隨著供需結構面的變

化，這些異常價格的個案應該會增加不少，想要買到合理的價格，多看、多比較、勇敢殺價是購屋的基本功夫，賣方開價當然會高，談價格的努力也是買方的基本功夫。

👁 優先避開的標的

　　未來 10 年、20 年、30 年的可見歲月中，隨著趨勢的往前移動，很多現象會提早出現，像是租書店這幾年來因為網路閱讀習慣的改變，陸續出現倒閉潮 [156]，許多不動產會優先成為棄置的資產：

①鄉村房地產：並不是一個很好的投資標的，但也因為價格低廉，如果工作不需要往大都市發展，例如使用網路就可以交易商品的電商業者，就可以搬到鄉村居住，享受低成本、大坪數的舒適生活。

②4 樓以上公寓：因為人口結構老化，所以除非地段很好，4 樓以上公寓要先避開，畢竟爬樓梯對於老人來說是一件苦差事，電梯大樓愈來愈多，公寓都不會是首選。

③學區差的學生套房：少子化使得許多學校即將倒閉，都要倒閉的學校，附近的學生套房根本沒了需求，因此這些學生套房要提早出脫。

④大坪數：大坪數的房子雖然還有需求，但除非自住之用，否則在戶量變小的情況下，應該不要成為投資的標的；但因為價格較低，所以可以設計成共居模式，出租給追求共居的退休族。

⑤都市房地產頂多持平：雖然「都市集中化」讓人口往都市集中，但還是盡量減少投資都市不動產，畢竟繼承集中化、重劃區遍地開花，都會讓房地產價格上揚的力道減緩，尤其是 2022 年總人口開始反轉、2026 年 65 歲以上老人占 20% 以上之後，價格都會受到壓抑。

[2030 蟻居的解決之道]

👁 工作機會在台北

2018 年因為選舉的關係，北漂這兩個字成為當時的熱門話題。身為數據研究者的我當然開始搜尋政府數據，結果有點讓人沮喪的一件事，找不到各縣市工作機會數的統計；當時，剛好朋友在高雄的工作被裁員，在幫忙找工作的過程，透過人力網，分別向台北市、高雄市兩大都會區各丟了 10 多件工作申請表。

◎高雄市的工作回應為 0 件
◎台北市的工作回應為 2 件

高雄市這麼低的回覆率讓我很訝異，因為樣本只有 1 位，於是讓我興起將 104、1111、yes123 工作求職網的工作數加以統計，據此來作為各個地區工作機會的參考數據。

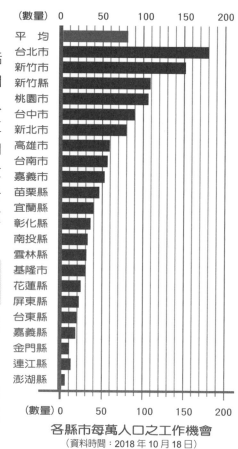

各縣市每萬人口之工作機會
(資料時間：2018 年 10 月 18 日)

216

於是我在 2018 年 10 月 18 日這一天將上述三個工作求職網，依據各縣市別搜尋工作機會，並將所得數字統計；然而又發現一個問題，104 求職網雖然數量最多，但卻偏重於某幾個縣市，每一個求職網所找出來的數據都略有差異，於是決定將三個求職網的各縣市機會加總、求出平均數，再除以各縣市的人口數，得出「工作機會／萬人口」的資料 [157]。

如前頁圖，最上方為全國平均數 80，也就是每 1 萬人口有 80 個工作機會，下方則依工作機會數多寡排列，超過平均數的縣市包括台北市、新竹市、新竹縣、桃園市、台中市、新北市，其中新竹縣、新竹市因為有科學園區加持，數字較高可以理解；由高雄市起都在平均數值以下，主要是非六都的縣市，六都則只有高雄市與台南市。（以上資料不包含外島）

由圖表可知，台北市所提供的工作機會最多，每 1 萬人口有 179 個工作機會，足足是澎湖縣的三十倍之多，這一點也符合一般人的想法與期待。六都中的台南市與高雄市數據都比較低，台南市因為偏向於古都型的城市，雖然數據低也還是可以理解，只是高雄市身為傳統第二大都市，只有 58 個工作機會，不到台北市的三分之一，與台中市差距不小，這一點就還有極大的改進空間。

總之，工作機會多是都市集中化的原因之一。

👁 都市集中化、鄉村空洞化

人口結構對於經濟走勢、不動產價格、大學整併等議題，都有直接關聯性的影響，因此只要順著人口結構的藤蔓，就能夠摸到未來趨勢的瓜。本書所提的「都市集中化、鄉村空洞化」概念，對於城鄉差距也會產生嚴重的扭曲。

我在 2017 年下半年時尋找 65 歲以上老人占比最高的區域，經搜尋相關數據並計算一番後，發現嘉義縣六腳鄉的永賢村幾乎沒有小孩子，人口也逐漸老化，有可能於未來成為第一座「極限村落」，也就是 65 歲以上的老人超過 50% 的狀況，並於 2017 年 12 月底在「大數聚」發表了一

篇專欄 [158]，這一篇文章也收錄於本書前面的章節。

2018 年 4 月初，多家媒體親赴現場報導，並以 10 年僅出現 14 名新生兒的聳動標題（應該是 15 位），獲得許多民眾的關注與迴響。不過，以我親赴永賢村探訪的狀況，數據上雖然還沒有超過 50% 為 65 歲以上老人，但很多年輕人應該只是戶籍掛在老家，實際上不在當地工作，甚至於那 15 位新生兒也都是在外地出生，因此永賢村實質上應該已是極限村落了。

無論如何，當人們發現自家生活環境都是老人，沒有足夠的工作需求，不再能夠享受舒服、現代的生活，學校也因學生不足而廢校，大多數的民眾自然而然會往生活機能完備的都市遷移；因此，在台灣各地區人口逐漸老化，2018 年 65 歲以上老人已經達到 14%，預計 2026 年則來到 20%，「都市集中化、鄉村空洞化」的兩極化現象將成為未來的觀察重點。

👁 都市租金逐漸看漲

2012 至 2015 年，我國各地房價陸陸續續來到高檔，接著開始反轉緩步向下，呈現震盪緩跌的走勢，許多供給量比較大的地區，像是淡水地區、鶯歌重劃區、洲子洋重劃區、八里重劃區，都出現價格急轉直下，甚至是停止推案的現象；只是即便是部分區域房價下跌個兩成、三成，整體房價還是高，對於收入不高的購屋新世代仍舊以租屋為主。

如前述，人們為了追求更好的生活往市區移動，造成都市集中化，所以人口雖然老化，但年輕人往都市集中，反而讓不動產需求增加，房價還能維持一定的高度。惡性循環下，無奈往都市移動的朋友買不起。

房子，使得都市化的租屋需求增加，房屋供給如果維持不變，租金自然水漲船高，讓許多租屋房客吃不消，於是香港有了「籠居」，台灣也出

現了「蟻居」，都是租金比較便宜，空間也非常小的代名詞。

　　台北市算是最常聽到誇張案例的地方，例如在狹長又窄的陽台改建成一間小雅房 [159]，或者是空間只夠放張床，共用洗手間髒亂，最糟糕的是空氣不流通，衣服還必須晾在密閉空間內，一股潮濕與霉味久久揮之不去，可是即便環境惡劣，租金依舊不便宜；諸如此類的出租困境時有所聞，或許是供需失衡，也或許是房東的貪婪 [160]。

👁 神山町模式

　　此一問題涉及到都市不動產供給不足以及低薪等兩大問題，本文針對都市住宅供給不足導致租金上漲的問題，提出日本神山町成功模式：「全世界都是我的工作場所」，或許可以作為主政者的參考 [161]。

　　日本的神山町，原本也是人口快速老化的小鎮，又離都市極遠，連電車都無法到達，巴士也只有極少班次。當地政府為了挽救廢鄉的命運，在當地鋪設最快速的光纖，找來許多藝術家重新改造，增設許多托兒所等基礎建設，從醜小鴨變成五臟俱全的黑天鵝，使得許多都市企業來此地設立分公司。

　　這些企業之所以願意移居神山町，主要是**許多現代化企業不再需要靠實體店面，網路就可以完成大多數的工作的非實體交易企業**，像是直播賣海產，根本不必在都會區有實體店面，只要民眾上網看直播、下單，店家送貨就完成一筆交易；**科技改變了交易模式，也讓鄉村燃起了一點生機。**

　　換言之，只要有網路、基礎設施夠好，在哪裡並不重要。省下都市的昂貴租金，用一半不到的價格就可以享受更寬廣的鄉村空間，更可以讓鄉村閒置的空間妥善利用。當人開始移動定居神山町，就開始各種消費需求，民生產業興起，從早餐店、咖啡廳、小雜貨店等，工作機會增加，也會吸引更多人進入。

　　對於企業而言，也不需要租用都市辦公處所的昂貴租金，可以將省下來的錢強化員工福利，讓員工可以在寬廣的鄉下環境中教育下一代，屆時

追求生命的意義遠遠超過金錢的價值，離職率肯定會大幅度降低，企業還可以減少員工離職產生的訓練成本，對於企業營運而言產生良性循環。

例如前述談到的永賢村也可以學習日本神山町成功模式，除了創造地方特色、吸引藝術家進駐的老梗之外，可以參考下列步驟：

①先從基礎建設開始
◎ 把 2017 年 8 月甫廢棄的六腳國小分校新生國小整修，多餘的校舍或荒廢的民宅可以改建成免費或低價的租屋空間、托兒所，全村設置免費的光纖網路，租用頻繁發車的 9 人座擔任交通車。
②推銷至非實體交易產業
◎ 以國小為核心建立居住娛樂中心，吸引只需要透過網路科技就可以完成交易的企業來此設立衛星辦

👁 改變可以是傷害，也可以是契機

世界快速改變，也許會造成傷害，但也可能是一種契機。

◎網路買書最方便，過去人們要買書，一定會開著車或者是搭捷運、公車等交通工具，跑到重慶南路書街購書，然而在網路書店盛行的環境中，人們買書只要鍵盤敲兩下，書就送到自家門口或附近的便利商店，傳統實體書店已經式微。

◎實體店面逐漸式微，百貨公司生意一落千丈，必須要反向靠新穎的美食街來吸引消費者「吃飯順便逛街」，過去「逛街順便吃飯」的模式業已改變。

◎過去下午想買個下午茶，晚上買晚餐、宵夜，都要跑到外面找東西吃，現在透過 Uber Eats、Foodpanda，手機滑一滑，就有人騎著摩托車送到家門口。

在這種科技一日多變的環境下，很多不可能的事情已經充滿了可能，今日的世界人們不得不往市區集中的同時，我們也要重新思考工作機會是否會持續在都會區中，有沒有可能讓這些工作機會移轉至鄉下環境？

現代政府只想要減輕承租人的痛苦，所以補貼租金就成為政府官員的

一帖良方，只是出租房屋的稅率比較高，房東大多不喜歡房客報稅時申報抵稅，還威脅說要申報抵稅可以，房租租金也要上揚，導致目前租賃市場難以納入管制，房租補貼也都只是看得到、吃不到[162]。

在管制出租市場還沒有明確進展，補貼租金可能不是一個有效的策略，興建更多社會住宅恐怕也只是增加移往都市居住的吸引力，這些都是不動腦筋，以為砸錢就能解決問題的策略，其實反而讓問題更惡化，目前最主要的政策方向應該是減少都市人口移動數量。

解決方案	能否解決	
◎租金補貼：吸引房客移動至市區	問題惡化	✕
◎興建社會住宅：吸引房客移動至市區	問題惡化	✕
◎減少都市人口移動數量：釋放青年人口往鄉村移動	緩解問題	○

只要讓鄉村擁有一樣的工作機會、生活環境，在科技快速變化的今日，一定有很多產業只需要有網路、電話、傳真機就可以完成工作，把該花的資金用在荒廢鄉下的「地方創生」項目，不要浪費在補貼租金、興建更多社會住宅，相信未來有限資源會更能用在刀口上。

沒有人會喜歡都市的蟻居生活，只要基礎建設完備、用心行銷，自然而然地會讓部分都市人口順利導引至鄉村地區，過著比市區多三倍、五倍的田園生活空間，花費卻可能三分之一不到，蟻居狹小空間造成的苦痛也才能有效降低。

[2046 火化場不足]

👁 漫長的火化之路

住在彰化二林的阿花，她的父親近日往生，享壽 85 歲，找了一家葬儀社協助處理後事。葬儀社老闆阿輝報告了處理流程，其中談到了火化的過程，表示「告別式必須要排一大早的場次，否則會來不及。」

阿花疑惑地問：「下午不行嗎？」

阿輝猛烈地揮了揮手說：「不行啦！彰化沒有火化場，以前送到雲林還來得及，現在雲林拒絕收我們的遺體，只好跑到比較遠的台中。」

阿花哀傷又有點疲憊的面容：「要跑這麼遠，怎麼會這麼麻煩……」

👁 火化場是嫌惡設施

彰化縣是全國第一大縣，也是唯一沒有火化場的縣市，生命最後一程，都得奔赴外縣市火化，並繳納高額火葬費用，彰化縣殯葬同業工會上百人於 2019 年 6 月 14 日赴彰化縣政府廣場，手搖招魂幡旗，掛上抗議白布條，抗議縣府為什麼不蓋火葬場，希望政府能「成就生命最後旅程」。只是縣府民政處只能無奈地接下陳情書，因為縣府、縣議會都支持興建，但無論在哪邊興建，都會遭到當地強烈抗議[163]。

火化場、殯儀館、加油站等都屬於嫌惡設施，住家附近如果有嫌惡設施，通常會影響房屋價格；一般民眾反對在自家附近興建火化場的理由，

通常是以環境空氣汙染和噪音為主，但真正的理由應該是會觸霉頭、不吉利、心靈上的恐懼，以及會讓自家房地產價格下跌。

這是我的土地，不准拿來蓋火葬場！鄉親們也全都拒絕！

既然彰化沒有半座火化場，該送去哪裡呢？

西南地區鄉鎮的居民想要送到雲林縣進行火化，業已遭到拒絕，必須路途遙遠地運送到還願意接受彰化縣火化案件的台中、南投，甚至於是嘉義[164]，未來這些縣市火化所能處理的量逐漸吃緊，難免也會如同雲林縣一般的不滿，你們彰化人不喜歡火化場，難道我們就喜歡嗎？

彰化縣政府深知建設火化場的急迫性，早在 2016 年初就看到許多討論彰化縣火葬場的新聞[165]，只是當地民眾也很難接受火化場就在家鄉的安排。例如埔鹽鄉代表會一聽到縣府想要在埔鹽鄉蓋火化場，趕緊召集人馬跑到鄉公所門前舉白布條抗議，民眾群情激憤，還與警方有了肢體衝突；甚至於自救會的會長居然是鄉長楊福地，楊福地表示：「我是民意選出來的鄉長，絕對會和人民站在一起。」[166]

時至今日，彰化縣的火葬場還是沒能解決，一到了選舉時，在選票考量的壓力下，又把提案藏起來擱置，沒有人喜歡的嫌惡設施，遇上一堆沒有魄力的縣府父母官，看來暫時不會找到答案，每次都只能期待下一任縣長上任後，才能看到火化場的曙光。

👁 火化場夠嗎？

如前所述，火化場會遭遇到地方人士極大的排斥，畢竟死亡這件事情不是人人都喜歡面對。其次，與台灣人口發展極為類似的日本，也面臨到火化場不足的困境，受到日本眾議院與各界的重視與質詢[167]；可以推估

台灣的未來隨著老人愈來愈多，死亡人口數倍增的情況下，也會面臨到日本今日所面臨火葬場不足的困境。

日本為因應都市化新增火葬場恐怕會愈來愈困難，民間企業在 2008 年提出了一個「火葬船」的概念；船總重約 2,600 噸，有四個火化爐，船上設有舉行葬禮的場所，還可以在火葬之後，鳴笛為亡者祈福 [168]。只是從網路資料來看，沒多久就沒有後續的消息，這個點子應該已經胎死腹中；換言之，預見火化場不足並不難，但是解決火化場就很困難了。

👁 95% 的火化率

還記得以前老一輩的都不太能接受火葬，覺得死後還要接受烈焰的痛苦，寧願埋在土裡，所以拼命存棺材本；然而隨著土葬的成本愈來愈高，不再是數十萬就能夠解決的事情，於是火化方式逐漸為人所接受。

如下圖，死亡人數逐年遞增，土葬用地早就已經不敷使用，火化率也逐年攀高。1993 年，火化率僅不到 50%，但到 2001 年就已經超過 70%，2009 年更是突破了 90%，2018 年業已來到 98.28%。

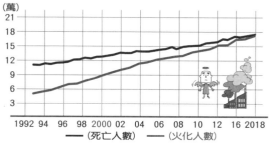

依據統計資料，目前各縣市每日最大火化處理量 1,044 具遺體，考量國民禮俗會看時辰，所以假設扣除掉四分之一不宜日期，每年最大量約 28.6 萬具遺體的火化量。若是以 98% 的高度火化率來預估，火化場的需求量幾乎與每年死亡人口同步，依據國發會對於死亡人數的中推估，2043 年死亡人口會來到 29.4 萬人，火化人數大約 28.8 萬人，業已超過最大處理量。

2058 年為 33.9 萬人，幾乎是 2019 年的二倍，火化數已高達 33.2 萬。若以 30 萬死亡人數為超過火化承受量，則 2046 年死亡人數超過 31

萬，火化數 30.3 萬人，會發生火化場不足的現象，其中都會區因為人口持續集中，難以尋覓新的場地，火化場不足的情況最為嚴重。

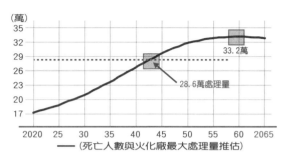

(萬)

33.2萬

28.6萬處理量

2020　25　30　35　40　45　50　55　60　2065

── (死亡人數與火化廠最大處理量推估)

👁 2046 年火葬場的極限

如前所述，火葬場是嫌惡設施，尤其是人口集中的六都，土地有限，難以設立更多的火葬場，即便有土地，還是會持續遭到地方民眾的反彈；再加上參考日本的實證發展，也確實難以解決火葬場不足的現象；尤其是人口集中到都市，都市興建火化場更不容易，除非遠赴外縣市處理，否則問題將是更形嚴重。

只是距離現在大約有 30 年，科技或許早就解決這個問題。假設還是無法解決，本文建議可以從小開始進行死亡教育，灌輸火葬場是福份的一種象徵，靠近往生者反而會帶來庇佑；同時將火葬場美化，譬如可以參考日本「冥想之森齋場」，不但難以發覺這居然是火葬場，甚至於可以成為一個景點，有助於降低民眾反對聲浪 [169]；甚至於參考日本曾經提出的「火化船」，不會在任何縣市興建，以降低反彈聲浪。

除了提出一些預警與解決之道，火化場的不足還是有一些商機。例如日本橫濱市的火葬場不足，遺體等待火化的時間一般超過 4 天，不少死者親屬苦於找不到保存屍體的地方，有旅館業者開設了遺體的「暫時住處」的地方，有稱之為「遺體酒店」，一晚要價高達 150 美元，甚至於還有包套服務 [170]。相較於許多產業的衰退，很少有需求成長 1 倍的市場，在人口老化的趨勢結構下，也有許多機會可以找到商機的切入點。

[*2060* 百歲人瑞突破 5 萬人]

👁 百歲人瑞增長速度比我們想像得還要快

　　1991 年以前，我國的單齡人口資料並沒有特別針對 100 歲以上人口之統計，只有 90 歲以上就算是最高的統計數字，畢竟當時平均壽命才 70 餘歲；然而自 1992 年之後開始統計 100 歲以上人瑞，從 291 人開始，目前已經成長到 3,666 人。

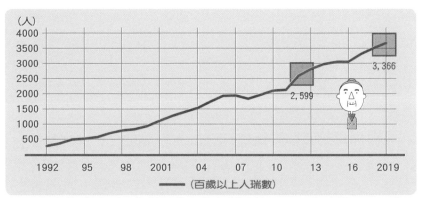

（百歲以上人瑞數）

　　未來的發展可以參考國發會的資料預估，2034 年突破 5,000 人，2044 年突破 10,000 人，接著快速成長，2051 年突破 20,000 人，2055 年突破 30,000 人，2060 年突破 40,000 人。

　　只是推估資料中，2018 年才 2,371 人，而實際上早在 2012 年就已經來到 2,599 人，2018 年業已發生的數字則為 3,500 人，顯然國發會的

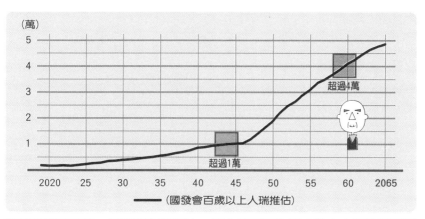

(萬)

(國發會百歲以上人瑞推估)

資料精準度不佳,且明顯有所低估,因此相關預估達成數字之年份還要早6 年;換言之,2060 年的百歲人瑞應該不只國發會推計的 40,000 人,至少會來到 50,000 人。

👁 以房養老,到期還在世該怎麼辦?

百歲人瑞的問題,比較特殊者如「以房養老」是否移除年齡上限。如果不削除,假設到了 100 歲,銀行以契約到期為理由,要求償還貸款,可是「以房養老」的人通常設定自己不會活那麼久,下一代也通常不會為了一間很舊的房子償還貸款,所以離開人世後房子就交給銀行處理。

問題在於如果契約到了人還沒有辭世,不償還貸款後,房子被銀行收走,1 位百歲人瑞自此被趕出家門,在一個只有幾百、上千位百歲人瑞的社會中,這個問題並不大,但是 2050 年百歲人瑞如果達到 20,000 人左右,問題就會很明顯了,屆時老人成為社會經濟的沉重負擔,未必有能力特別照顧這麼多的老人。

👁 老人養老老人

2050 年,你幾歲了?如果你現在是 40 歲,屆時你剛邁入 70 歲,幻想著退休後可以安養天年,趁著雙腳還走得動的時候,到處遊山玩水、出

國旅遊。實際上，上一代還身體永健，但需要別人照顧，送到安養院的話費用太貴，就算有錢送進去，也未必送得進去，因此必須靠自己這位老人來養更老的老老人。

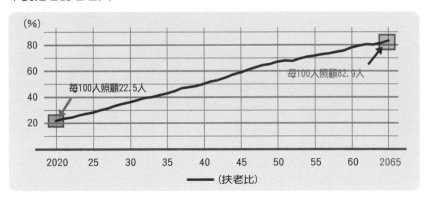

如上圖是 2020 至 2065 年扶老比的中推計資料，簡單來說就是 15 至 64 歲的工作人口與 65 歲以上人口之比例，從 2020 年的每 100 位勞動人口要照顧 22.5 位老人，2065 年已經暴增到 82.9 人，顯然社會很難承受這麼重的負擔。

因此，除了將老人集中照顧外，老人照顧老老人成為一大趨勢，畢竟隨著醫療進步、飲食健康化，老人的身體今非昔比，加上許多科技化設備的協助，15 至 64 歲應該可以調整為 15 至 72 歲來照顧 73 歲以上的老老人。

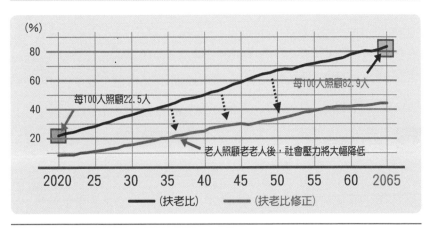

　　如果能夠讓老人照顧老老人，則整個社會的扶老比將能夠大幅度地下降，幾乎只有原本壓力的一半。或許老人會擔心無力照顧老老人，但不要擔心，很多科技設備可以幫助我們，例如機器裝甲可以幫助我們輕鬆施力，翻背、上下床都有很多設備可以輔助，重點在於要有錢。

[預測只是一個開始]

👁 設計未來的制度必須以預測未來為基礎

　　這本書每一個章節都是過去的歷史、現在的經驗，以及未來的預測。首先，要改正過去的缺點，千萬別老是參酌過去的經驗與現在的感覺來設計未來的制度，近幾年來最大的麻煩就在於大學數量暴增，而暴增的高峰時間正在學生人數進入高峰但正轉折向下的時間點；其次，更大的麻煩正迎面痛擊，也就是退休金制度，目前的退休金制度是用過去的人口結構、存活壽命來設計退休金制度，但在今日老人長命、新生兒嚴重不足的結構下，未來將難以支應退休金制度而面臨破產的窘境。

👁 別忽略背景因素

　　不要以為過去反覆發生的事情，未來還會持續發生。過去發生的事實有其成立的背景，未來不一定這些背景還存在，譬如說 1950、1960 年代出生的朋友，在 30 歲上下開始買入不動產，享受著薪資愈來愈高、利率愈來愈低、房價不斷上揚的好處，因此希望下一代也複製他們的成功，然而今日薪資打平就不錯、利率持續低迷、房價因人口而岌岌可危，不同的背景因素想要複製一樣的結果，恐怕是難上加難。

　　此外，世界各國正因為戰後嬰兒潮邁入退休期，使得人口結構快速惡化，然而我國惡化的現象遠比其他先進國家還要嚴重，其中一個原因應該是他國是軍人卸甲歸田，而我國是從大陸退守台灣，使得台灣人口短期大

量暴增，使得戰後嬰兒潮比例比其他國家更形龐大，當這些人進入退休期之後，會造成比其他國家更嚴重的老化問題。

👁 小小的波動，將引發預測結果的變化

雖然少子化、老人社會化的預測，在目前看起來是水到渠成，可是今日 30、40 年的時間會遇上什麼驚天動人的變化，例如基因醫療的突破，人們的壽命突然提高到 150 歲，則每年的死亡人數將會產生變化，退休金、勞保制度徹底破產，就算國家拿再多的錢來填補這個洞也不夠。

戰爭的爆發、氣候變遷惡化加快，都可能影響到本書各章節的推論，例如天氣太熱，大家不太想出門，在家享受虛擬實境的旅遊，導致旅遊人口的減少，這也是具有高度可能性。

總之，我們可以嘗試做出各種的預測，但是別忘了，近幾百年來，**隨著科技爆發式的成長，很多改變將影響預測的結果**，我們必須要隨時調整，以因應未來這個加速運轉的世界。

透過相關數據進行未來可能情境的預測，有一個好處就是避開風險、賺取利潤，譬如人口老化是不可逆的結果，相關人口老化所需的產業技術，可以預先研發，或者是買入相關股票、基金，就可以在老化市場來臨時，賺取應有的利潤。

序言：建立台灣獨有的自信
1. 陳水扁硬抓勞拉玉手，https://youtu.be/D791pozVYCA。
2. 國際收支，https://www.cbc.gov.tw/ct.asp?xItem=2337&ctNode=538&mp=1。
3. 全球醫療照護系統排名台灣名列第一，https://www.taiwannews.com.tw/ch/news/3773805。
4. 日本每小時 3 人孤獨死……，台灣人準備好了嗎？https://www.cw.com.tw/article/article.action?id=5095734。
5. 台灣出生率全球排名「倒數第一」，https://www.taiwannews.com.tw/ch/news/3665579。
6. 台灣性別平等程度居亞洲之冠全球第 8，https://www.cna.com.tw/news/firstnews/201902180075.aspx。
7. 台灣超額儲蓄高央行總裁：老人太多不敢花錢，http://www.bcc.com.tw/newsView.3412167。
8. 外匯存底全球排名第五，台灣卻有 180 萬人餓著肚子吃不飽？https://www.storm.mg/lifestyle/500146；外匯存底，https://www.cbc.gov.tw/lp.asp?CtNode=644&CtUnit=307&BaseDSD=32&mp=1。
9. 2019「全球火力」排名出爐！台灣軍力進步了一個項目排世界第 7，https://www.ettoday.net/news/20190404/1415025.htm。
10. 調查局偵破一銀盜領案英媒來台採訪，https://udn.com/news/story/7315/3855204。
11. 當日沖銷交易專區，https://www.twse.com.tw/zh/page/trading/information5.html。
12. 環保局坦承「資源回收」進焚化爐網友嘆：努力分類卻被糟蹋，https://www.ettoday.net/news/20180521/1173769.htm。
13. 台灣便利商店密度全球第二……第一名是這個國家，https://ec.ltn.com.tw/article/breakingnews/2385333。
14. WEF 競爭力評比台灣全球第 12 亞太第 4，https://www.cna.com.tw/news/firstnews/201910090013.aspx。
15. 自行車道長度今年擴增至 5 千公里，https://news.ltn.com.tw/news/politics/breakingnews/1352564。

1955 年：團塊世代
16、17. 神預言「團塊世代」 屋太一 83 歲辭世，https://news.ltn.com.tw/news/world/paper/1266598。
18. Demographics of Japan，https://en.wikipedia.org/wiki/Demographics_of_Japan。
19. 老照片：戰後日本的兩次生育「奇蹟」，https://kknews.cc/history/ggp9bx1.html。

1981 年：人口斷崖
20. 本研究論文採用的資料為中央研究院調查之華人家庭動態資料庫 (PSFD)，針對 1934 至 1984 年出生之受訪者資料，建立存活模型進行分析。高房價對購屋與生育行為之影響－家庭資源、家庭需求與家庭偏好之探討，林佩萱，國立政治大學地政學系博士論文，2016 年。
21. 動物保護資訊網各縣市犬貓統計，https://animal.coa.gov.tw/html/index_06.html。
22. 台灣經濟 60 年，https://www.chinatimes.com/newspapers/20161030000223-260209。

1990 年：股市來到 12,682 點
23. 那些年，我們一起經歷的 12682，https://www.businesstoday.com.tw/article/category/154685/post/201407170023/
24. 小心！「基金配息」可別配到自己的肉，錢世傑，https://forum.ettoday.net/news/1539502。
25. 台股還原息值衝破 2 萬點，https://ctee.com.tw/news/stock/122354.html；發行量加權股價報酬指數，https://www.twse.com.tw/zh/page/trading/indices/MFI94U.html

1997 年：亞洲金融風暴

26.《分秒幣爭》重現韓國 1997 金融風暴，https://www.cw.com.tw/article/article.
action?id=5093226。

27. 亞洲金融危機成因之探討，http://homepage.ntu.edu.tw/~clin/981001.PDF。

28. 亞洲金融風暴與中國經濟崛起，https//www.storm.mg/article/882035。

29. 亞洲金融危機成因之探討，http://homepage.ntu.edu.tw/~clin/981001.PDF。

2003 年：離婚率創下新高

30. 我國離婚率發展之趨勢、影響及因應作法之研究，https://www.ris.gov.tw/documents/
data/8/6/22653ac2-4c33-40b7-9f38-45403abe1334.pdf。

31. 外籍配偶對台灣地區各縣市離婚率之影響，吳佳玲，政治大學行政管理碩士學程，2005
年。

32. 離婚手續太方便了？中國推一個月離婚冷靜期，能夠減低離婚率嗎？https://
theinitium.com/roundtable/20180912-roundtable-zh-one-month-for-divorce/。

33. 想離婚？先答題：中國推出「婚姻測試卷」，https://cn.nytimes.com/
china/20180531/china-divorce-quiz/zh-hant/。

34. 降低離婚率？韓國出台「分割養老金」法規，https://www.ntdtv.com/b5/2018/06/14/
a1379720.html。

35. 家事服務中心，http://tnd.judicial.gov.tw/U/H14.asp。

36. 在高離婚率的台灣，我們給「離異家庭」足夠的專業支援嗎？https://www.
thenewslens.com/article/116466。

2003 年：SARS

37. 獨家直擊深入和平醫院 100 小時，https://www.nextmag.com.tw/realtimenews/
news/3342737。

38. 套房投資熱有人一次買 70 多間，聯合報，2002 年 8 月 20 日，第 24 版理財。

39. http://www.cathay-red.com.tw/uploadfile/house/89D050A25BBBCB5E03A1E5D555B517
FE.pdf。

40. 15 年前 SARS 空襲房市…3 項政策成功「落底井噴」，https://news.housefun.com.tw/
news/article/139351195365.html。

2004 年：兩顆子彈

41. 善潛水卻身纏漁網溺斃，https://tw.appledaily.com/headline/
daily/20050308/1627154/。

42.「義雄」何其多，http://news.bbc.co.uk/chinese/trad/hi/newsid_4820000/
newsid_4825900/4825928.stm。

43. 工人爬樓頂嗆扁還錢，https://youtu.be/ZGJitmygEP4。

2006 年：卡債風暴

44. 回顧 2005 年 -2006 年之台灣卡債風暴，http://www.npf.org.tw/2/3558。

45. 雙卡風暴，一場沒有贏家的遊戲，http://www.cw.com.tw/article/article.
action?id=5010047。

46. 一銀搶房貸利率殺到 1.56%，https://money.udn.com/money/story/5613/2713628。

47. 銀行搶客推 40 年房貸，https://money.udn.com/money/story/5613/2631518。

48. 領縮水薪資、扛高檔房貸，現在急買房的人最傻！https://goo.gl/4tpuxH。

49. 買房沒錢裝潢還有這 3 招解決，https://estate.ltn.com.tw/article/6935。

2008 年：金融海嘯席捲而來

50. The Big Short - The Scene With A Stripper，https://youtu.be/xZTFNizSNGs。

51. 大到不能倒！金管會公布 5 大系統性銀行名單，https://www.chinatimes.com/realtimenews/20190627003616-260410。
52. 市場波動大顧立雄盼金融業少發股息，https://ctee.com.tw/news/finance/60544.html。

2009 年：戶量跌破 3.0(人／戶)
53. 因無實際數字，故本圖僅爲參考該書內容大略呈現，參照《投資大進擊》，哈利‧鄧特二世，第 285 頁。

2013 年：女性人口超越男性
54. 大陸「剩男」現象背後的可怕眞相，http://www.epochtimes.com/b5/13/5/11/n3867922.htm。

2014 年：政府債務突破 6 兆元
55. 財政惡化有徵兆？，http://www.393citizen.com/financial/Coma/columndt.php?id=535。
56. 參照財政統計年報，https://www.mof.gov.tw/Detail/Index?nodeid=285&pid=64525。
57. 日本消費稅影響看法好壞兩極，https://ec.ltn.com.tw/article/breakingnews/1082822。
58. 全台未繼承土地面積創高，https://money.udn.com/money/story/5648/3777748。
59. 張盛和：台灣幾乎零外債絕不會變希臘！https://news.cnyes.com/news/id/326037。

2015 年：不會消逝的匯率陷阱
60. http://tkturkey.com/ 美國聯準會升息，土耳其里拉陷入兩難 /。
61. 再施壓土耳其川普宣布對土國鋼鋁關稅提高一倍，https://udn.com/news/story/12108/3302661。
62. 土耳其今年 6 月出口貿易量增長，http://tkturkey.com/ 土耳其今年 6 月出口貿易量增長 (07-07)
63. 土耳其 4 月出口較上年同期增加 7.84%，https://www.roc-taiwan.org/tr/post/3164.html。
64. 土耳其經濟陷悶燒危機，http://www.chinatimes.com/realtimenews/20180516004929-260410。
65. 土耳其經濟風暴若里拉跌勢不止歐洲與其他新興市場先遭殃，https://news.cnyes.com/news/id/4181496。
66. 土國網友酸總統像咕嚕魔戒導演：那是好咕嚕，https://dq.yam.com/post.hp?id=5132；Erdoan's 'Gollum insult' a mistake, says Lord of the Rings director，https://www.theguardian.com/world/2015/dec/03/lord-of-rings-director-insult-to-erdogan-mistaken-as-gollum-as-charcter-is；In Erdogan insult case, Turkish court asks: is 'Hobbit' character Gollum evil?，https://www.reuters.com/article/us-turkey-erdogan-gollum/in-erdogan-insult-case-turkish-court-asks-is-hobbit-character-gollum-evil-idUSKBN0TL1X720151202#IVppwOGSUF6Qo9K0.97。
67. IMF 同意未來 3 年提供巴基斯坦 60 億美元紓困，https://www.ydn.com.tw/News/336103。
68. 美銀美林警告：一切都像極了 1998 年亞洲金融風暴時期，https://news.cnyes.com/news/id/4198778。

2016 年：亞洲基礎設施投資銀行
69. 一帶一路：意大利成爲首個加入中國全球投資項目的 G7 國家，https://www.bbc.com/zhongwen/trad/world-47683550。
70. 棄一帶一路？斯里蘭卡將與日、印共同開發可倫坡港，https://news.ltn.com.tw/news/world/breakingnews/2796913；China's debt trap? The true story of Hambantota port，https://www.khmertimeskh.com/607326/chinas-debt-trap-the-true-story-of-hambantota-port/。
71. 白衣騎士之謎，http://www.justacafe.com/2018/05/blog-post_31.html。
72. 哈森泰博撤出多數新興市場，現金、美日短債、日圓爲王，https://finance.technews.tw/2019/10/18/hasenstab-withdraws-from-most-emerging-markets/。

73. 小心！「基金配息」可別配到自己的肉，https://forum.ettoday.net/news/1539502。

2017 年：薪資平均數突破 50 萬
74. 青年所得創新高 35 歲以下平均所得 54.37 萬，https://ec.ltn.com.tw/article/paper/1324526。
75. 賴清德：月收入 49889 元創新高台灣人一定會越來越好，https://www.storm.mg/article/431832。
76. 薪情平台，https://earnings.dgbas.gov.tw/experience_sub_01.aspx。
77. 106 年工業及服務業受僱員工全年總薪資中位數及分布統計結果，https://www.dgbas.gov.tw/public/Attachment/81224146157RLW6M7Z.pdf。

2017 年：老年人口超過幼年人口
78. 柳川超強船夫爬橋，https://youtu.be/YNEexYO70Cs。

2018 年：邁入高齡社會
79. 內政部戶政司，戶政百年回顧，2012 年，第 228 頁。

2018 年：扭曲的奴工地獄
80. 柏克萊實驗室放 800 隻羊咩咩吃草有千軍萬馬 Fu！https://www.ettoday.net/news/20150615/520983.htm。
81. 日本媒體不報的 30 萬留學奴工悲歌：越南人偷山羊宰來吃遭痛批嫌犯道歉信卻震撼全國，https://www.storm.mg/article/439980；都是騙局？窮到偷山羊吃日本媒體不報導的東南亞留學生悲歌！https://youtu.be/up8BS94W3Xk；市民が愛した除草ヤギ、ベトナム人　んで食べる，https://youtu.be/hH-y06CO6vs。
82. 獨家》康寧大學斯里蘭卡學生案鬧張仲介竟曾告到教育部，http://news.ltn.com.tw/news/life/breakingnews/2604329；康寧遭重罰恐停招師生帶斯里蘭卡生赴教部陳情，https://news.tvbs.com.tw/life/1029968。
83. 醒吾：印尼生每周只打工兩天、沒超過 20 小時，https://udn.com/news/story/7266/3561156。
84. 留學變屠宰工！斯里蘭卡生控來台就讀被騙，https://news.ebc.net.tw/News/Article/138036。
85. 醒吾學工風暴升級為外交事件印尼停止招生來台讀「新南向專班」，https://www.upmedia.mg/news_info.php?SerialNo=55281。
86. 臺灣教育部核定 107 年學年度新南向國際專班開班表，敬請踴躍報名，https://www.roc-taiwan.org/th/post/9412.html。
87. 新南向政策－人才交流，https://achievement.ey.gov.tw/cp.aspx?n=53E4AD5EA2AE7FA6&s=14FD3DABF66DD6F0；政院拍板 107 年總預算新南向成長近一倍，https://www.cna.com.tw/news/firstnews/201708170150.aspx；《為了新南向，看看這個政府如何搞垮教育！》高金素梅，2018.10.24，https://youtu.be/gKFVS3zmmZA。
88. 新南向產學合作國際專班外籍學生校外實習及工讀問題之淺析，https://www.ly.gov.tw/Pages/Detail.aspx?nodeid=6590&pid=183093。

2019 年：商圈沒落的趨勢
89. 墾丁榮光不再！遊客銳減百萬網友這樣看……，http://www.chinatimes.com/realtimenews/20170724005294-260405。
90. 七大元凶掀歇業海嘯台灣老闆高喊：不玩了，https://www.gvm.com.tw/article.html?id=45690。
91. 在高雄火車站附近的小旅店，空間雖然不大，但又是宵夜又是晚餐，平日價格才 1,300 元，而且類似的飯店比比皆是。這是當年陸客狂增的後遺症，許多旅館飯店、遊覽車都一窩蜂的增加，隨著政策轉變，自然供需失衡。

92. 不只是勞動人口外移，許多優秀的學生也願意選擇大陸、香港等地學校就讀，甚至於近期的惠台措施都會產生極大的磁吸效應。

93. 未來人工智慧、機器人或許能填補這一塊空缺。

94. 105年國人赴海外工作人數統計結果，https://www.dgbas.gov.tw/ct.asp?xItem=42426&ctNode=5624&mp=1。

95. 106年家庭收支報告，第十四表 — 家庭消費支出結構按消費型態分，https://win.dgbas.gov.tw/fies/all.asp?year=106。

2020年：300萬戶面臨孤獨死危機

96. 日本獨居老人都是怎麼死的？要價100萬元的清潔服務，讓他看見這國家最悲傷一幕，https://www.storm.mg/lifestyle/137688。

97. 日本清潔公司用模型還原「孤獨死」案件房間模樣死亡現場真實到令人感到驚悚…https://www.juksy.com/archives/81778。

98. 老了想跟好友住，到底行不行？未來同居新選擇，https://thebetteraging.businesstoday.com.tw/article/detail/201907090029/157883/。

99. 高齡化社會，「青銀共居」能拯救老人孤獨死危機？台日案例剖析背後優缺點，https://www.businessweekly.com.tw/article.aspx?id=25938。

2022年：總人口的死亡交叉

100. 前瞻納入少子化林全坦言台灣比歐洲部分國家嚴重，https://kairos.news/78480。

101. 鼓勵生小孩南投祭3大利多，https://news.housefun.com.tw/news/article/168688185676.html。也不是每個縣市都積極花錢解決少子化問題，如嘉義縣現行幼兒園規定是1:15的師生比，但少子化下學生少，16人就要多聘一名老師「很不划算」，嘉義縣政府就為了減輕人事費用，要求未達20人的國小附幼「要請多出來的學生轉讀他校」，15人以上「就轉學」…嘉義縣趕人家長：省錢省成討債樣？https://www.ettoday.net/news/20170831/1001619.htm。

102. 少子化問題背後的根本原因，就是「不夠美好的社會」，https://www.thenewslens.com/article/66892。

103. 性別落差排名，台灣排名第38，職場性平再等217年！世界經濟論壇公布性別平等報告台灣排名第38，http://www.storm.mg/article/353261。

104. 8大因素造就台灣少子奇蹟，https://www.gvm.com.tw/article.html?id=13543。

105. 參照行政院性別平等會重要性別統計資料庫。

106. 謹守利益迴避！20年幫國庫賺3兆彭淮南存款只多3百萬，http://www.setn.com/News.aspx?NewsID=364166。

107. 全球最宜居國家台灣榮登榜首，https://tw.appledaily.com/finance/daily/20170203/37540180。

108. 最快樂國家台灣排名26居亞洲之首，https://tw.appledaily.com/new/realtime/20180314/1315017/。

109. 陳菊入府見總統盼支持電競產業發展，http://www.cna.com.tw/news/firstnews/201804025003-1.aspx。

2022年：實際退休年齡逐年增加

110. 八十一年臺閩地區簡易生命表，http://sowf.moi.gov.tw/stat/Life/tc8120s.htm。

111. 薪比最低工資還低想當「舉牌人」得排隊，https://youtu.be/gmEJnXxXNkY。

2023年：長照潮噴出

112. 長照「功德說」賴清德您累了嗎？https://www.gvm.com.tw/article.html?id=41171。

113. 為什麼日本猝死地藏正紅，https://www.cw.com.tw/article/article.action?id=5085309。

114. 介護離職，他變成吃野草充飢的下流老人，https://www.cw.com.tw/article/article.action?id=5076154。

2024 年：人口數降低、用電量反轉
115. 人口とエネルギーの係，http://www.yonden.co.jp/life/kids/museum/energy/world/001.html。
116. 依據國發會於 2016 年 8 月 22 日提報「中華民國人口推估（105 至 150 年）」資料。
117. 時任行政院長吳敦義，針對國光石化所造成的環境影響，曾提出白海豚會轉彎的說法。國光石化開發案衝擊生存空間？吳敦義：白海豚會轉彎，https://www.nownews.com/news/20100707/676958。
118. 2016 年 4 月初越南中部發生魚群集體暴斃，越南台塑河靜鋼廠因排放的廢水遭指是禍首而遭越南政府開罰 5 億美元（約合新台幣 162 億元）。台塑越鋼廢水毒魚被罰 162 億，http://news.ltn.com.tw/news/focus/paper/1006275。
119. 劉德音未雨綢繆台積電砸 600 億屏東蓋太陽能電廠，https://www.mirrormedia.mg/story/20191029fin002。
120. 本文以第二團塊出生人數加 18，推測為大一入學人數，但實際上大一入學人數會受到許多因素之影響，如高中職畢業後未必升學、社會增加減少因素，以及死亡等因素。
121. 旅客太少！屏東機場 8 月 10 日關閉，http://news.ltn.com.tw/news/life/paper/511597。

2025 年：大坪數換屋潮結束
122. 大坪數沒人要豪宅建商搶攻小宅，https://udn.com/news/story/7241/2661090；大坪數難賣高市豪宅淪法拍，http://www.appledaily.com.tw/appledaily/article/property/20170910/37776984/。
123. 《2014-2019 經濟大懸崖》，哈利鄧肯，第 100 頁。在其隨後出版的《2017-2019 投資大進擊》，則提到 37 至 41 歲會進行換屋，因為我國結婚年齡較晚、總生育數較低，因此本文採用 43 歲。
124. 從民國 98 年第 1 季開始，才有相關數據，http://pip.moi.gov.tw/V2/E/SCRE0401.aspx。

2025 年：失智友善台灣
125. 衛生福利部／國民健康署107年度「失智友善示範社區計畫」暨「失智症預防推廣計畫」申請作業須知，https://www.hpa.gov.tw/Pages/ashx/File.ashx?FilePath=~/File/Attach/8588/File_8226.pdf。

2026 年：大學消失三分之一
126. 少子化海嘯 215 大學系將停招，https://udn.com/news/story/11319/4064468。
127. 大陸招手台灣高教人才「土博士」西進求職，https://youtu.be/e5h15UyAX8U。
128. 長照 2.0 使用率不到 2 成每人 1 天僅 110 元可用，https://ctee.com.tw/news/policy/150790.html。
129. 萬人國小凋零老松今剩 458 學生，https://www.chinatimes.com/newspapers/20170831000397-260114。
130. 做三明治、手工藝、唱童詩……老人小孩一起上課，從課堂開始的生命教育，https://www.ilong-termcare.com/Article/Detail/2564。
131. 高薪、移民、免費住宿日本跨海搶人做照護，台灣如何受衝擊？https://www.cw.com.tw/article/article.action?id=5095891。

2026 年：老人超過 20% 的超高齡社會
132. 不敵高鐵競爭，取消敬老優惠、平日優惠後，日統客運貼出「大樓求售」公告，https://www.thenewslens.com/article/84555。

133. 陳美伶示警台灣明年正式邁入高齡社會，https://www.nownews.com/news/20171221/2666483。
134. 哪一個年代出生的人最悲情？https://times.hinet.net/news/22573555。
135. 《圖解理財幼幼班：慢賺的修練》，http://www.books.com.tw/products/0010676941。

2028 年：來台旅遊人口破 2 千萬人次
136. 徐重仁要年輕人忍耐低薪？全聯正式回應……https://udn.com/news/story/7238/2399423。

2028 年：嘉義永賢村－極限村落
137. 《續‧下流老人》，藤田孝典，第 126 頁。
138. https://group.dailyview.tw/article/detail/139。
139. 六腳鄉永賢村被稱為極限村，村長：應改稱長壽村 https://udn.com/news/story/7321/3032079。
140. 全國老化指數最高嘉義永賢村老年人占 35%，https://www.youtube.com/watch?v=BRWyzeDvaK8。
141. https://youtu.be/j5w9UJv_P2M。
142. 「拿破崙之村」的本尊：超級和尚公務員高野誠鮮，http://talk.ltn.com.tw/article/breakingnews/1455413。
143. http://www.equal.acsite.org/y11。

2030 年：房地產崩盤
144. 本文採用出生人口，不採用單齡人口。
145. 皮凱提，《二十一世紀資本論》，第 373 頁。
146. 皮凱提，《二十一世紀資本論》，第 387 頁。
147. 小心！你買來渡假的房子連 10 萬日圓也賣不出 https://tw.appledaily.com/new/realtime/20160920/952663/。
148. https://www.athome.co.jp/mansion/chuko/niigata/echigoyuzawa-st/list/。
149. バブル期スキーブームで活況……湯沢のリゾマン今や「10 万円」、それでも逃げられない税金，https://www.zeiri4.com/c_1076/c_1078/n_317/；日本少子化千萬買地剩十萬價他賤賣成交還好開心，https://tw.appledaily.com/new/realtime/20170918/1205740/。
150. 參見稅金地獄，第 120 頁。
151. 倒壊しそうな空き家特措法で全国初の取り壊し (15/10/26)，https://youtu.be/Jmj7hWpohVk。
152. 日本空房率攀升，頻現「鬼屋」，https://cn.nytimes.com/asia-pacific/20150827/c27yokosuka/zh-hant/。
153. 可點選 GoogleMap: https://www.google.com.tw/maps/@35.2809792,139.6751334,3a,75y,98.43h,112.98t/data=!3m6!1e1!3m4!1sRVFAv29s2mCMhV14Ro279g!2e0!7i13312!8i6656。
154. 日本是實坪，台灣往往會有三成到三成五的公共設施，另外台日的生活水平也不一樣。
155. 可點選 GoogleMap: https://www.google.com.tw/maps/@35.2851382,139.6930143,2a,75y,140.41h,84.02t/data=!3m6!1e1!3m4!1sa,jKNafNODz5quLiEIFkWSQ!2e0!7i13312!8i6656。
156. 租書店現倒閉潮！存活率僅一成，https://fnc.ebc.net.tw/FncNews/video/97772。

2030 年：蟻居的解決之道
157. 各縣市工作機會，https://docs.google.com/spreadsheets/d/18s-2nhJf6dVys2F5mWPdi1xmobn8AcTzB0909vQOHGs/。
158. 預見台灣 2050 年系列》台灣也將有極限村落？我們等得到「超級公務員」嗎？！http://group.dailyview.tw/2017/12/18/

159. 陽台隔間 5000 元出租房東被罵翻後這麼做……http://news.ltn.com.tw/news/life/breakingnews/2137789。

160. 台灣「蟻居豪宅」之檢視，https://udn.com/news/story/6848/3160786。

161. 神山奇跡：一個偏遠山村變身綠色谷的故事，http://www.books.com.tw/products/CN11357517。

162. 租金補貼申請今開跑 2.4 萬戶憂「看得到吃不到」，https://tw.appledaily.com/new/realtime/20190902/1626731/。

2046 年：火化場不足

163. 彰化沒火葬場殯葬業高舉招魂旗抗議，https://www.chinatimes.com/realtimenews/20190614001821-260405。

164. 彰化沒火化場告別式都一大早魏明谷：興建刻不容緩，http://news.ltn.com.tw/news/life/breakingnews/2253549。

165. 彰化縣選址興蓋火葬場以嫁娶女兒為譬喻，http://www.chinatimes.com/realtimenews/20160224004783-260405。

166. 火葬場又想蓋回中彰化？埔鹽鄉人民憤怒抗議，http://news.ltn.com.tw/news/life/breakingnews/1607208。

167. 火葬場不足に関する質問主意書，http://www.shugiin.go.jp/internet/itdb_shitsumon.nsf/html/shitsumon/a180287.htm。

168. 火葬場不足日本財團擬推動「火葬船」，http://www.epochtimes.com/b5/8/4/8/n2074554.htm。

169. 彰化火葬場地點曝光 3 鄉擇一，http://news.ltn.com.tw/news/life/breakingnews/1568341。

170. 日本「亡者酒店」生意火，招待屍體一晚千元 https://kknews.cc/world/39,jn2y8.html。日本遺體酒店最便宜套餐竟然上萬元，https://kknews.cc/travel/2m4r2vy.html。

《圖解法學緒論》

法學緒論難讀易混淆
圖例解析一次就看懂

　　法學緒論難以拿高分最大的問題在於範圍太廣，憲法、行政法、民法、刑法這四科，就讓人望而生畏、頭暈目眩了。筆者將多年分析的資料整理起來，將歷年菁華考題與解析集結成冊，讓讀者能隨時獲得最新的考題資訊。

《圖解行政法》

行政法體系龐雜包羅萬象
圖解行政法一本融會貫通

　　本書以考試實務為出發點，以理解行政法的概念為目標。輔以淺顯易懂的解說與一看就懂的圖解，再加上耳熟能詳的實例解說，讓你一次看懂法條間的細微差異。使你實力加分，降低考試運氣的比重，那麼考上的機會就更高了。

《圖解憲法》

憲法理論綿密複雜難懂
圖例解題讓你即學即用

　　反省傳統教科書與考試用書的缺點，將近年重要的憲法考題彙整，找出考試趨勢，再循著這條趨勢的脈絡，參酌憲法的基本架構，堆疊出最適合學習的憲法大綱，透過網路建置一套完整的資料增補平台，成為全面性的數位學習工具。

《圖解民法》

民法千百條難記易混淆
分類圖解後馬上全記牢

　　本書以考試實務為出發點，由時間的安排、準備，到民法的體系與記憶技巧。並輔以淺顯易懂的解說與一看就懂的圖解，再加上耳熟能詳的實例解說，讓你一次看懂法條間的細微差異。

《圖解刑法》

誰說刑法難讀不易瞭解？
圖解刑法讓你一看就懂！

　　本書以圖像式的閱讀，有趣的經典實際案例，配合輕鬆易懂的解說，以及近年來的國家考試題目，讓讀者可將刑法的基本觀念印入腦海中。還可以強化個人學習的效率，抓準出題的方向。

《圖解刑事訴訟法》

刑事訴訟法程序易混淆
圖解案例讓你一次就懂

　　競爭激烈的國家考試，每一分都很重要，不但要拼運氣，更要拼實力。如果你是刑事訴訟法的入門學習者，本書的圖像式記憶，將可有效且快速地提高你的實力，考上的機率也就更高了。

《圖解國文》

典籍一把抓、作文隨手寫
輕鬆掌握國考方向與概念

　　國文，是一切國家考試的基礎。習慣文言文的用語與用法，對題目迎刃而解的機率會提高很多，本書整理了古文名篇，以插圖方式生動地加深讀者印象，熟讀本書可讓你快速地掌握考試重點。

《刑事訴訟》

刑事訴訟法並不是討論特定行為是否成立刑法罪名的法律，主要是建立一套保障人權、追求正義的調查、審判程序。 而「第一次打官司就OK！」系列，並不深究學說上的理論，旨在如何讓讀者透過圖解的方式，快速且深入理解刑事訴訟法的程序與概念。

《圖解數位證據》

讓法律人能輕鬆學習
數位證據的攻防策略

數位證據與電腦鑑識領域一直未獲國內司法機關重視，主因在於法律人普遍不瞭解，導致實務上欠缺審理能力。藉由本書能讓法律人迅速瞭解數位證據問題的癥結所在，以利法庭攻防。

《圖解車禍資訊站》

車禍糾紛層出不窮！保險有用嗎？國家賠償如何申請？

作者以輕鬆的筆調，導引讀者學習車禍處理的基本觀念，並穿插許多案例，讓讀者從案例中，瞭解車禍處理的最佳策略。也運用大量的圖、表、訴狀範例，逐一解決問題。

《圖解不動產買賣》

買房子一定要知道的基本常識！一看就懂的工具書！

多數的購屋者因為資訊的不透明，以及房地產業者拖延了許多重要法律的制定，導致購屋者成為待宰羔羊。作者希望本書能讓購屋者照著書中的提示，在購屋過程中瞭解自己在法律架構下應有的權利。

《圖解法律記憶法》───

這是第一本專為法律人而寫的記憶法書籍！

記憶，不是記憶，而是創意。記憶法主要是以創意、想像力為基礎，在大腦產生神奇的刻印功效。透過記憶法的介紹，讓大多數的考生不要再花費過多的時間在記憶法條上，而是運用這些方法到考試科目，是筆者希望能夠完成的目標。

《圖解民事訴訟法》───

本書透過統整、精要但淺白的圖像式閱讀，有效率地全盤瞭解訴訟程序！

民法與民事訴訟法，兩者一為實體法，一為程序法。換個概念舉例，唱歌比賽中以歌聲的好壞決定優勝劣敗，這就如同民法決定當事人間的實體法律關係；而民事訴訟法就好比競賽中的規則、評判準則。

《圖解公司法》───

透過圖解和實例，強化個人學習效率！

在國家考試中，公司法常常是讓讀者感到困擾的一科，有許多讀者反應不知公司法這一科該怎麼讀？作者投入圖解書籍已多年，清楚瞭解法律初學者看到艱澀聱牙的法律條文時，往往難以立即進入狀況，得耗費一番心力才能抓住法條重點，本書跳脫傳統的讀書方法，讓你更有效率地全盤瞭解公司法！

《圖解失敗的科學》

失敗 ≠ 無用；失敗 ≠ 魯蛇！
學習解析失敗，開啟事業巔峰。

　　曾任日本福島核電廠事故調查委員會委員長的作者，集結多年學術研究與實務輔導經驗，教你從中發現失敗的規則性，以及其中所蘊藏的契機，學習善用失敗學，不論企業營運或個人發展，皆能掌握先機、逆轉勝！

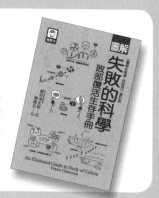

《圖解理財幼幼班 慢賺的修練》

魔鬼不只在細節裡，更在你的大腦裡；
從心理學、腦科學的角度切入，
抽絲剝繭找出最佳投資標的。

　　作者運用多年教授理財課程之經驗，點出初學者的投資理財盲點，從法律層面、心理學、腦科學角度切入，教你培養自己投資的眼光，找出理財的陷阱，打造財富自由的人生。

《圖解記憶法 給大人的記憶術》

誰說年紀越大，記憶力就越差？
日本大學聯考之神特別傳授的大腦
回春術！

　　不用羨慕別人的記憶力好，只要掌握大腦各區的喜好與特性，就能輕鬆記憶。本書教你透過訓練，學習記憶的 3 步驟、10 個提高記憶效率的基本原則，聰明活化大腦，破解記憶盲點，擺脫健忘毛病。

《圖解魅力學
人際吸引法則》

好人緣不是天生，善用技巧，就能成為魅力高手！

從系統一（感性）與系統二（理性）觀點出發，瞭解大腦思考模式和行為心理學，不只可以運用在人際關係，市場行銷上更是隨處可見，運用這些行銷手法，就能建立自我品牌形象，成功推銷自己、打造好人緣！

《圖解小文具大科學
辦公室的高科技》

給追求知識與品味生活的文具迷，一本不可不知的文具科學圖解書。

文具產業可說是科學技術發展的博物館，集結了現代科學如數學、化學、光學等技術之精華，本書挑選常用的代表性文具，解析其發展歷程與科學秘密，透過本書上一堂令人驚嘆的文具科學課！

《圖解人體解密
預防醫學解剖書》

瞭解人體的奧妙，
自己的身體自己保養。

醫學相關知識在一般人的印象中是難懂的，作者用淺顯易懂的例子搭配圖解，從功能性著手介紹人體組織架構，從最小的細胞到全身的器官、骨骼；從外在皮膚到內部器官運作，藉此掌握養生秘笈。

《圖解二十一世紀資本論
皮凱提觀點完全解說》

皮凱提經濟分析的濃縮精華書！

「二十一世紀資本論」究竟在談論什麼？為什麼能風靡全球？專為那些沒時間看或看不懂的讀者，統整 5 個章節、80 項主題，從讀者最常遇到的問題點切入，配合圖解、深入淺出地解說皮凱提的經濟觀點。

國家圖書館出版品預行編目(CIP)資料

圖解透視未來：給新世代的投資趨勢說明書
錢世傑 著；第一版
台北市：十力文化／2020.10
頁數：256頁／開數：148*210mm
ISBN：978-986-99134-2-3（平裝）
1. 投資分析 2.趨勢研究
563.52 109013554

圖解 理財幼幼班5
透視未來 給新世代的投資趨勢說明書

作　　者　錢世傑

責任編輯　吳玉雯
內文插圖　劉鑫鋒
封面設計　林子雁
美術編輯　劉詠軒

出 版 者　十力文化出版有限公司
發 行 人　劉叔宙
公司地址　116 台北市文山區萬隆街 45-2 號
通訊地址　11699 台北郵政 93-357 信箱
電　　話　02-2935-2758
網　　址　www.omnibooks.com.tw
電子郵件　omnibooks.co@gmail.com
統一編號　28164046
劃撥帳號　50073947

I S B N　978-986-99134-2-3
出版日期　2020 年 11 月 第一版第三刷
　　　　　2020 年 10 月 第一版第一刷
書　　號　D2008
定　　價　350 元

地址：

姓名：

十力文化出版有限公司　企劃部收

地址：台北郵政 93-357 號信箱

傳真：(02) 2935-2758

E-mail：omnibooks.co@gmail.com

　　無論你是誰,都感謝你購買本公司的書籍,如果你能再提供一點點資料和建議,我們不但可以做得更好,而且也不會忘記你的寶貴想法喲!

姓名/　　　　　　　　　　性別/□女 □男　　　生日/　　　年　　　月　　　日
聯絡地址/　　　　　　　　　　　　　　　　連絡電話/
電子郵件/

職業/□學生　　　　□教師　　　　□內勤職員　　□家庭主婦　　□家庭主夫
　　　□在家上班族　□企業主管　　□負責人　　　□服務業　　　□製造業
　　　□醫療護理　　□軍警　　　　□資訊業　　　□業務銷售　　□以上皆是
　　　□以上皆非　　□請你猜猜看
　　　□其他:

你為何知道這本書以及它是如何到你手上的?

　　請先填書名:
　　□逛書店看到　　□廣播有介紹　　□聽到別人說　　□書店海報推薦
　　□出版社推銷　　□網路書店有打折　□專程去買的　　□朋友送的　　□撿到的

你為什麼買這本書?

　　□超便宜　　　□贈品很不錯　　□我是有為青年　□我熱愛知識　□內容好感人
　　□作者我認識　□我家就是圖書館　□以上皆是　　　□以上皆非
　　其他好理由:

哪類書籍你買的機率最高?

　　□哲學　　　　□心理學　　　□語言學　　　□分類學　　　□行為學
　　□宗教　　　　□法律　　　　□人際關係　　□自我成長　　□靈修
　　□型態學　　　□大眾文學　　□小眾文學　　□財務管理　　□求職
　　□計量分析　　□資訊　　　　□流行雜誌　　□運動　　　　□原住民
　　□散文　　　　□政府公報　　□名人傳記　　□奇聞逸事　　□把哥把妹
　　□醫療保健　　□標本製作　　□小動物飼養　□和賺錢有關　□和花錢有關
　　□自然生態　　□地理天文　　□有圖有文　　□真人真事
　　請你自己寫: